此书是国家社科基金资助成果 项目编号：1

促进人口布局

与主体功能区规划相协调的财政政策研究

徐诗举◎著

图书在版编目（CIP）数据

促进人口布局与主体功能区规划相协调的财政政策研究 / 徐诗举著．—长春 ： 吉林大学出版社， 2019.4
ISBN 978-7-5692-4701-5

Ⅰ．①促… Ⅱ．①徐… Ⅲ．①人口分布－作用－财政政策－研究－中国②区域规划－作用－财政政策－研究－中国 Ⅳ．①F812.0

中国版本图书馆 CIP 数据核字（2019）第 077656 号

书　　名：促进人口布局与主体功能区规划相协调的财政政策研究
CUJIN RENKOU BUJU YU ZHUTI GONGNENGQU GUIHUA XING XIETIAO DE CAIZHENG ZHENGCE YANJIU

作　　者：徐诗举　著
策划编辑：邵宇彤
责任编辑：李潇潇
责任校对：宋睿文
装帧设计：优盛文化
出版发行：吉林大学出版社
社　　址：长春市人民大街 4059 号
邮政编码：130021
发行电话：0431-89580028/29/21
网　　址：http://www.jlup.com.cn
电子邮箱：jdcbs@jlu.edu.cn
印　　刷：定州启航印刷有限公司
成品尺寸：170mm×240mm　　16 开
印　　张：11.75
字　　数：165 千字
版　　次：2019 年 4 月第 1 版
印　　次：2019 年 4 月第 1 次
书　　号：ISBN 978-7-5692-4701-5
定　　价：49.00 元

Preface
前言

长期以来，由于缺乏对人口迁移的宏观引导，导致我国人口空间分布不合理，加剧了人口、资源、环境之间的矛盾，制约了经济社会可持续发展。《促进人口布局与主体功能区规划相协调的财政政策研究》于2012年获准立项为国家社科基金年度一般项目（项目批准号：12BJL070），笔者是课题负责人，本书是课题最终成果的重要组成部分。本书在分析主体功能区人口分布状况和主体功能区人口迁移基本理论的基础上，研究影响和制约主体功能区人口合理迁移的因素，主张在坚持市场对人口资源基础性配置地位的前提下，发挥政府对人口迁移的积极引导作用，提出一系列促进人口布局与主体功能区规划相协调的财政政策建议。

本书主要观点包括：第一，针对当前的主体功能区“人地关系矛盾”，认为当前应促进限制开发区人口向重点开发区迁移。以全国31个省（市、区）的2856个县（市、区）为行政单元，按照主体功能区类型、国土面积、人口和地区总产值等指标，对全国主体功能区人口布局情况进行统计分析。分析结果表明：限制开发区存在大量农村剩余劳动力和生态超载人口；部分优化开发区人口已经达到或超过当地环境资源承载力的上限；重点开发区环境资源承载力较强，具有进一步集聚人口的发展潜力。第二，认为市场对人口迁移起决定性作用，但不能忽视政府对主体功能区人口迁移的引导作用。围绕劳动力流动的净现值计算公式，揭示财政政策促进主体功能区人口合理流动的理论依据。在主体功能区建设背景下，劳动力迁移的净收益现值理论模型的财政政策含义即应在坚持市场对人口资源基础性配置地位的前提下，发挥政府对人口迁移的主导作用，根据各地区环境资源承载力和既定的人口布局目标，采取一系列财政政策，促进人口在各类主体功能区之间合理配置。第三，主张实行多层次跨区域的主体功能区人口迁移方案。由于主体功能区规划分为国家和省两个层级，并以县为基本行政单元，为了避免单一形式的由西向东的大规模人口跨区域迁移引发的矛盾与冲突，人口跨区域流动应当具有层次性，既可以是东、中、西部之间和临近省区之间的跨地区流动，也可以是省内不同主体功能区之间和特定区域内城乡人口流动。从 2011 年颁布的《全国主体功能区规划》来看，中西部地区每个省都有重点开发区，这为限制开发区人口近距离迁移和规划民族集聚区域提供了便利条件。因为年龄越小，人口迁移动因越强，所以加大对限制开发区的教育投入，通过提高限制开发区青年人口受教育年限，增强年轻人就业能力和跨区域迁移能力，而对于老人和少数民族人口则因为文化习俗差异和融入外地文化能力不足等原因，应该就近转移落户。第四，认为现行农地产权制度是导致进城农民“转户退地”意愿低的主要原因。很多事实上已经“市民化”了的进城农民，仍然不愿意“转户退地”，造成宅基地大量闲置和耕地大面积抛荒。进城农民“转户退地”意愿低，除了退地补偿标准问题外，还存在农村“户籍人口迁移悖论”问题。因为，第二轮土地承包期即将结束。随着农民所在集体组织的户籍人口不断迁出，集体组织成员不断减少，但集体土地总量不变，按照预期，第三轮承包期的人均耕地面积将增加，这将造成“转户退地”意愿越来越低。本书主要提出如下对策建议：第一，根据不同类型主体功能区人口分布及其人地关系矛盾，有针对性地提出促进人口有序迁移的财政政策。鉴于限制开发区存在大量农村剩余劳动力和生态超载人口，提出要促进限制开发区人口有序迁出的财政政策；根据重点开发区环境资源承载能力较强，但是人口集聚能力较弱的矛盾，提出提高重点开发区人口集聚能力的财政政策；针对部分优化开区中心城区人口聚集程度过高，已经达到或超过当地的环境资源承载力，提出保持优化开发区人口相对稳定的财政政策。第二，探索建立农地“二元”产权制度，消除“户籍人口迁移悖论”。所谓农地“二元”产权制度，就是将继续留在农村的农户的宅基地、承包地界定为集体所有，将进城落户家庭自愿退出的宅基地、承包地界定为国家所有。农村土地“二元”产权制度会消除未退户农民在第三轮承包期中享有“三权”份额增加的预期，从而提高事实上已经“市民化”了的进城农民工“转户退地”意愿，提高户籍人口城镇化率，解决农村宅基地和承包地的“人地分离”问题，提高土地资源利用效率。第三，提出促进主体功能区人口合理迁移的差别化税收政策。认为应以主体功能区差别化税收政策取代传统的区域税收优惠政策。在市场经济条件下，人口迁移的基本动因是追求个人或家庭福利最大化，其中经济收入是影响人口迁移的决定性因素。因此，促进人口布局与主体功能区规划相协调，必须建立与主体功能区发展战略相配套的产业政策，以产业引导就业，以就业引导人口迁移。税收政策是宏观调控的重要工具，对于促进主体功能区产业协调发展具有重要作用。因此，税收政策对人口流动的作用机理可以概括如下：工资等收入差异引起人口由低收入地区向高收入地区迁移，区域间工资等收入差距是由区域间经济发展水平的差异决定的，区域税收政策则是调节和影响区域间经济发展水平的重要因素。第四，设计了基于土地开发权理论的宅基地补偿方案。缺乏健全的宅基地补偿机制是制约主体功能区人口迁移的重要因素之一，针对当前宅基地退出补偿机制不健全问题，以皖江城市带为例，设计两套宅基地退出补偿方案：一是在目前农村土地交易市场不完善情况下，城乡建设用地增减挂钩结余指标只限于本县市区行政范围内调剂使用，适合采用“市场参照法”下的宅基地退出补偿方案；二是在将来皖江城市带统一的农村土地交易市场形成的情况下，城乡建设用地增减挂钩结余指标可以在皖江城市带范围内跨区域交易使用，适合采用“区域交易法”下的宅基地退出补偿方案。

当然，影响主体功能区人口迁移的因素比较复杂，本书的研究还存在一些明显不足。例如，因为技术手段以及统计资料的局限，本书在主体功能区人口环境资源承载力的测度上存在欠缺。又如，本书提出建立农地“二元”产权制度，但是各地财政能力差异较大，如果“转户退地”将农地退给地方政府，退地补偿资金如何筹集、“国有农地”的管理主体如何确定，等等，都需要进一步深入研究。为此，笔者真诚欢迎读者不吝赐教。最后需要特别指出，在研究本课题过程中，笔者参阅了大量相关文献资料，从中受到很多启发，在此向文献作者们表示衷心的感谢。本书对引用部分都标明了出处，当然，文责自负。

徐诗举

2019 年 3 月 12 日于铜陵

Contents
目录

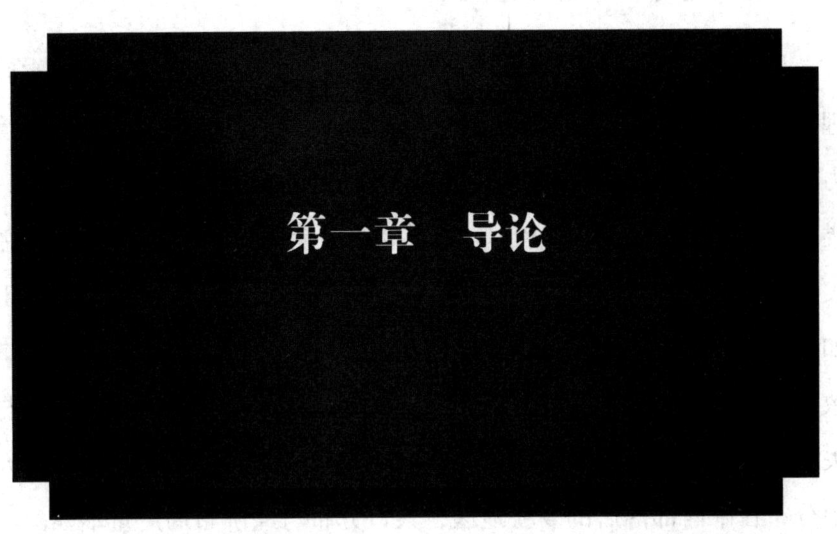
第一章　导论

一、选题的背景、意义和研究目的

（一）选题的背景与意义

长期以来，由于缺乏对人口迁移的宏观引导，导致我国人口空间分布不合理。一是人口布局与环境资源承载力不协调。例如，中西部一些环境资源承载力较弱且承担全国或区域性生态屏障功能的地区人口超载现象严重，过度的人类活动不仅破坏了本来就很脆弱的生态环境，而且因为生存条件恶劣、自然灾害频发等原因，导致“一方水土养活不了一方人”，产生大量贫困人口；又如，一些特大城市，已经达到或超过人口承载力的上限，过度的人口集聚，导致房价上涨、交通拥堵和环境污染等问题日趋严重。二是人口分布与经济布局失衡。例如，我国经济主要集中布局在东部发达的城镇化地区，而人口相对集中分布在中西部落后的乡村地区，人口分布与经济布局严重不匹配，造成区域之间发展不平衡。三是劳动人口与赡养人口异地居住。例如，一些农村剩余劳动力成为进城农民工，而老人、儿童则留守在农村，造成农村“空巢老人”“留守儿童”等一系列社会问题。四是户籍人口城镇化率低于常住人口城镇化率。我国城镇化过程中，人口“流而不迁”现象长期存在，居住地与户籍地分离，农民“离乡不离土”，出现诸多“空心村”，造成宅基地大量闲置和耕地大面积抛荒现象。

2010 年 12 月 21 日，国务院印发了《全国主体功能区规划》，根据各地环境资源承载力、城镇化发展基础和未来发展潜力，确定区域主体发展功能，将全部国土空间划分为优化开发区、重点开发区、限制开发区和禁止开发区四种类型，要求引导人口分布、经济布局与资源环境承载能力相适应，促进人口、经济、资源环境的空间均衡。但是，就现实情况来看，我国人口迁移趋势与主体功能区规划相悖。例如，环境资源承载力达到或超过饱和状态的优化开发区人口为净流入，一些环境资源承载力较强的重点开发区人口为净流出，而一些生态环境脆弱的限制开发区人口流出却相对较慢。

因此，目前应在转变区域发展观念的基础上，制定有利于引导主体功能区人口合理迁移的经济、社会政策与制度，尤其是财政政策与制度保障体系，否则就会导致人口布局与主体功能区规划不匹配，造成生态环境持续恶化、城乡与区域发展进一步失衡、人地关系矛盾加剧。

（二）研究目的

主体功能区规划理论是我国率先提出的，这是对区域发展理论的重大创新。人口布局与主体功能区规划是否协调，是决定主体功能区战略实施成败的关键；人口布局与主体功能区规划的协调程度，也是衡量主体功能区规划实施效果的最为关键的指标。然而，现行不合理的财政政策却成为制约主体功能区人口合理迁移的重要因素。

为此，本书在分析主体功能区人口分布状况、人地关系矛盾、人口迁移方案和财政政策促进主体功能区人口有序迁移的理论依据基础上，研究影响和制约主体功能区人口合理迁移的因素，提出促进人口布局与主体功能区规划相协调的财政政策建议。本书的研究目的可以概括为如下几点：

第一，分析主体功能区人口分布状况，揭示主体功能区人地关系矛盾，提出主体功能区人口跨区域迁移方案。

第二，研究财政政策促进主体功能区人口合理迁移的理论依据，分析制约主体功能区人口合理迁移的财政体制及政策障碍。

第三，提出促进人口布局与主体功能区规划相协调的财政政策建议。

二、相关研究文献

（一）国外相关研究文献

“主体功能区”概念是在2005年《中共中央关于制定“十一五”规划的建

议》中首次提出，是我国对区域规划理论的重大创新，国外尚无这一概念[1]。但是，国外关于人口迁移的理论以及与人口迁移相关的农村土地产权理论，对我国促进主体功能区人口合理迁移具有一定的参考价值。

1.关于人口迁移理论

如果仅从人口迁移的角度来看，促进主体功能区的形成，就是引导农村人口向城镇化地区有序迁移的过程。从国外学者对农村人口向城市迁移的研究脉络来看，影响迁移决策的因素由只偏重单一的货币收益，逐步考虑到货币以外的其他因素。例如，Lewis[2]（1954）认为，只要城市的工资率高于农村的工资率，城市就能够获得源源不断的劳动力供给，直到富余劳动力被完全“吸干”。Ranis and Fei[3]（1961) 在 Lewis 模型的基础上，提出农村劳动力迁入城市的先决条件是因为农业生产率提高而出现农业劳动力剩余。Todaro[4]（1969）考虑到失业率对迁移的影响，认为迁移决策取决于预期收入的差距，对城市的预期收入取决于工资水平和就业概率（由失业率决定）。Krugman[5](1991) 认为人口集中源于经济集聚所产生的空间规模效应。Boyer and Hatton[6](1997)认为城乡收入差距、就业率、居住条件、预期寿命、距离以及亲友情况等都是影响劳动力迁移决策

[1] 杨伟民，袁喜禄，张耕田，董煜，孙玥．实施主体功能区战略，构建高效协调可持续的美好家园——主体功能区战略研究总报告[J].管理世界，2012(10)。

[2] Lewis.W.Arthur. Economic Development with Unlimited Supplies of Labor [J] .Manchester School of Economic and Social Studies, Vol.22, No. 2 (May,1954): 139-191.

[3] Gustav Ranis, John C. H. Fei, A Theory of Economic Developments[J] .The American Economic Review, Vol. 51, No. 4 (Sep, 1961): 533-565.

[4] Michael P.Todaro. A Model of Labor Migration and Urban Unemployment in Less Developed Countries [J]. American Economic Association, Vol. 59, No. 1 (1969): 138-148.

[5] Paul Krugman. Increasing Returns and Economic Geography [J].The Journal of Political Economy, Vol.99, No. 3 (Jun,1991): 483-499.

[6] George R. Boyer, Timothy J. Hatton. Migration and Labor Market Integration in Late Nineteenth - Century England and Wales [J].The Economic History Review ,Vol. 50,No. 4 (Nov, 1997): 697-734.

的因素。Tiebout[1](1956) and Oates[2](1981) 的“用脚投票”理论认为，居民迁移在于选择公共产品与税收的组合使自己效用最大化的社区，暗含了财政政策对人口迁移具有重要调节作用的论点。

2. 关于土地产权理论

关于农村土地产权制度问题的研究，国外文献主要集中在土地所有权与经营权的关系方面。例如，亚当·斯密[3](1776) 主张所有权与经营权合一，认为租佃制会阻碍租佃农户对土地改良的投入；John Stuart Mill[4](1848) 认为所有权与经营权可以分离，因为稳定的租佃权可以弥补租佃制的弊端；Theodore W. Schultz[5](1964) 认为建立所有权和经营权合一的适度规模的家庭农场能够提高农业生产效率。

基于西方的土地开发权理论，土地开发权可以作为变更土地用途的财产权利，它可以从土地产权束中分离出来并让渡给他人（Ralph Henger and Kilian Bizer，2008)[6]。土地开发权可以从发送区（Sending Areas）转移到接受区（Receiving Areas），发送区出售开发权利之后，土地开发会受到严格的限制，而接受区将获得更大的开发强度（John C. Danner，1997）[7]。城镇化与耕地保护之间的矛盾，也是世界各国面临的矛盾。在国外，正是针对土地开发实

[1] Charles M. Tiebout. A Pure Theory of Local Expenditures [J]. The Journal of Political Economy, Vol. 64, No. 5 (Oct,1956): 416-424.

[2] Wallace E. Oates. On Local Finance and the Tiebout Model [J]. The American Economic Review, Vol.71, No.2(May,1981): 93-98.

[3] 亚当·斯密.国富论[M].唐日松等译.北京：华夏出版社，2004(8)：277-285.

[4] John Stuart Mill . Principles of Political Economy with some of their Applications to Social Philosophy[M].London: John W. Parker, West Strand Press, 1848.

[5] Theodore W. Schultz.Transforming Traditional Agriculture[M].New Haven: Yale University Press, 1964.

[6] Ralph Henger & Kilian Bizer. Tradable planning permits for land-use control in Germany [J].Land Use Policy, 2010(27): 843-852.

[7] John C. Danner TDRs—great idea but questionable value [J].The Appraisal Journal, 1997(4): 133-142.

行分区管理的缺陷，20世纪70年代兴起对TDR（土地开发权转让）的研究，Barrows❶(1975) and Barrese❷(1983)认为分区管制政策在实现特定目标的同时，也使被规划为开发区内的土地所有者获得了非个人努力所带来的收益，而开发受限地区的所有者则面临着潜在的损失。Nickerson and Lynch❸(2001)认为农地价格按照资产定价理论应当包括未来农业收益的折现和未来转为非农用地的价值，分区管制则正是对后者的剥夺。Tavares❹(2003)，Henger and Bizer❺(2008)则认为土地开发权作为变更土地用途的权利，它可以从土地产权束中分离出来并让渡给他人。针对我国传统的土地分区管制及城乡建设用地增减挂钩试点过程出现的问题，较为一致的观点是建立农村土地开发权转移市场交易手段取代由地方政府主导的行政调节手段。

（二）国内相关研究文献

1.关于主体功能区人口分布状况研究

关于主体功能区人口布局的相关研究也主要限于国内学者。目前研究内容主要集中在以下两个方面：一是对我国主体功能区人口分布状况进行研究。例如，杨金花❻（2007）、牛雄❼（2009）认为我国主体功能区人口迁移主要表现为

❶ Richard L. Barrows. etc. Transfer of DevelopmentRights: An analysis of new land use policy Tool[J]. American Journal of Agricultural Economics, 1975, 57(4): 549-557.

❷ James T. Barrese. Efficiency and Equity Considerations in the Operation of Transfer of Development Rights Plans[J]. 1983, 59(2): 235-241.

❸ Cynthia J. Nickerson & Lori Lynch. The Effect of Farmland Preservation Programs on Farmland Prices[J]. American Journal of Agricultural Economics, 2001, 83(2): 341-351.

❹ António Tavares. Can the Market Be Used to Preserve Land? The Case for Transfer of Development Rights [C]. European Regional Science Association 2003 Congress, 2003.

❺ Ralph Henger and Kilian Bizer. Tradable Planning Permits for Land-use Control in Germany [C]. oettingen: Land Use Economics and Planning Discussion Paper 2008, No.08-01.

❻ 杨金花．主体功能区建设中人口区际迁移问题研究报告[R].国家发改委规划司规划处,2007.

❼ 牛雄．主体功能区构建的人口政策研究[J].改革与战略,2009(04).

重点开发区、限制开发区和禁止开发区人口向优化开发区过度迁移，尤其是重点开发区人口过度向优化开发区迁移，不符合主体功能区人口规划的要求。栾贵勤、齐浩良❶（2009）认为各地自然资源、经济资源和人口分布的差异性，已经严重阻碍了民众对社会发展成果的共享。张耀军等❷（2010）研究认为重点开发区人口规模最大、优化开发区人口密度最大、限制开发区人口文化技能素质最低。张耀军、巫锡炜、张敏敏❸（2016）使用全国第六次人口普查数据对31个省（直辖市、自治区）人口吸引力进行了测算，结果显示：东部沿海的优化开发区吸引力最大，中西部偏远的限制开发区吸引力最小。庄海燕❹（2017）则以黑龙江省九大功能区为基本单元，对黑龙江省各个主体功能区人口与经济协调发展程度进行了测算。二是对主体功能区人口再分布提出建议。例如，李江苏等❺（2008）测算了各类主体功能区适度人口容量，为主体功能区人口迁移政策制定提供定量依据。柴剑峰❻（2009）认为不同类型的主体功能区人口再分布的动力不同，不同阶段呈现的特征也有所差异，促进人口个体迁移能力、市场配置能力和政府调控能力有效融合，是实现人口有序迁移的关键。娄峰、侯慧丽❼（2012）对优先开发区和重点开发区未来不同时期的人口空间分布进行了预测，对人口空间布局提出相应的政策建议。朱丽娟、伍博炜❽（2015）测算了福建省主体功能区的适度人口容量，为福建省主体功能人口再分布提供了参考。

---

❶ 栾贵勤，齐浩良．主体功能区划背景下人口分布与流动规律研究[A]．全国经济地理研究会第十三届学术年会暨金融危机背景下的中国区域经济发展研讨会论文集，2009(05).

❷ 张耀军，陈伟，张颖．区域人口均衡：主体功能区规划的关键[J]．人口研究，2010(04).

❸ 张耀军，巫锡炜，张敏敏．省级区域人口吸引力对主体功能区规划的影响与启示[J]．人口研究，2016(02).

❹ 庄海燕．黑龙江省主体功能区人口与经济协调发展模型分析[J]．统计与咨询，2017(01).

❺ 李江苏，骆华松，王焱．主体功能区适度人口容量测算初探[J]．西北人口，2008(03).

❻ 柴剑峰．主体功能区人口再分布动力分析[J]．经济体制改革，2009(02).

❼ 娄峰，侯慧丽．基于国家主体功能区规划的人口空间分布预测和建议[J]．中国人口·资源与环境，2012(11).

❽ 朱丽娟，伍博炜．基于P-R-E模型的福建省主体功能区适度人口研究[J]．吉林师范大学学报（自然科学版），2015(01).

2.关于主体功能区人地关系矛盾问题研究

总体上看，我国人多地少，人地关系矛盾比较突出。从空间结构上看，我国人口分布与经济布局和环境资源承载力不匹配，人口分布存在空间结构上的矛盾。从根本上讲，推进形成主体功能区就是要协调和解决空间结构上的人地关系矛盾。关于主体功能区人地关系矛盾的形成原因及其解决方案研究，主要围绕如下五个方面展开研究：一是关于农村土地所有制性质的研究。例如，魏正果[1](1989)主张农地国有化；杨小凯[2](2002)主张农地私有化；迟福林[3](2001)则坚持农地集体所有制，倡导继续稳定家庭联产承包责任制，并赋予农民长期而有保障的土地使用权。二是关于借鉴西方土地开发权理论的研究。例如，沈守愚[4](1998)、刘国臻[5](2007)、刘明明[6](2008)等先后论述了设立农地开发权对于理顺集体土地的产权关系和有效保护耕地的重要意义，呼吁借鉴TDR政策取代传统的分区管制政策。谭峻、戴银萍(2004)，汪晖、陶然(2009)[7]，尹珂、肖轶[8](2011）等则从不同角度，对浙江嘉兴的“两分两换”、天津的“宅基地换房”、成都的“三集中”和重庆的“地票交易”等试点情况进行了评价。三是关于我国土地开发权的特殊性研究。例如，史懿亭、钱征寒、杨远超[9]（2017）集体所有的特殊产权关系也是我国开发权性质和归属的判定长期难以达成共识的

[1] 魏正果.我国农业土地国管私用论[J].中国农村经济,1989(05).

[2] 杨小凯.中国改革面临的深层问题——关于农村土地改革[J].战略与管理,2002(05).

[3] 迟福林.赋予农民长期而有保障的土地使用权[J].中国农村经济,1999(03).

[4] 沈守愚. 论设立土地发展权的理论基础和重要意义[J]. 中国土地科学,1998(1).

[5] 刘国臻. 房地产老板之暴富与土地发展权研究[J]. 中山大学学报(社会科学版),2007(3).

[6] 刘明明. 土地发展权的域外考察及其带来的启示[J]. 行政与法,2008(10).

[7] 汪晖,陶然.论土地发展权转移与交易浙江模式——制度起源操作模式及其重要含义[J].管理世界,2009(08).

[8] 尹珂,肖轶. 农村土地“地票”交易制度绩效分析——以重庆城乡统筹试验区为例[J]. 农村经济,2011(02).

[9] 史懿亭,钱征寒,杨远超.土地开发权的权利性质探究——基于英美的制度设计背景与我国的研究争议[J].城市规划，2017(08).

原因。孙建伟❶（2018）认为我国的土地指标交易原则上可以视为土地开发权交易，但要重视二者间的差异，也就是土地指标交易向土地开发权交易过渡中存在的制度障碍。丁国民、吴菁敏❷（2018）基于我国土地开发权的特殊性，从国家对土地的规划权、土地管理权及土地使用权等探索土地开发权收益分配模式，以协调公私之间土地开发权收益分配矛盾。四是对城乡建设用地增减挂钩结余指标交易半径的讨论。例如，刘澄宇、龙开胜❸（2016）主张将指标交易半径扩大到市域范围。杨继瑞、汪锐、马永坤❹（2011）主张将指标交易半径扩大到省域范围。孟明毅❺(2015) 建议主张将指标交易半径扩大到全国范围。五是对宅基地退出的制约因素、补偿方式、补偿标准以及受偿主体等问题进行了研究。例如，刘同山❻（2016）等认为国家法律法规限制了宅基地使用权交易及其价值体现，制约了农户闲置宅基地的有偿退出。魏后凯等❼（2016）认为相对于宅基地换房和宅基地收储方式，市场化交易更能够体现宅基地价值、实现供需平衡，有更好的推广价值。滕亚为❽认为宅基地退出补偿标准低、补偿标准不统一，降低了农民宅基地的退出意愿。程春丽❾指出我国农村宅基地退出补偿机制不合理，主要表现在补偿办法由政府单方确定，农民土地发展权没受到保护。徐小

---

❶ 孙建伟.城乡建设用地置换中土地指标法律问题研究[J].法学评论，2018(01).

❷ 丁国民，吴菁敏.土地开发权的收益分配模式探讨[J].太原理工大学学报（社会科学版），2018(01).

❸ 刘澄宇、龙开胜.集体建设用地指标交易创新：特征、问题与对策——基于渝川苏浙等地典型实践[J].农村经济,2016(03).

❹ 杨继瑞,汪锐,马永坤.统筹城乡实践的重庆“地票”交易创新探索[J].中国农村经济,2011(11).

❺ 孟明毅.安徽许庄：探路“地票”试验[J].西部大开发，2015(10).

❻ 刘同山，孔祥智.参与意愿、实现机制与新型城镇化进程的农地退出[J].改革,2016(06).

❼ 魏后凯，刘同山.农村宅基地退出的政策演变、模式比较及制度安排[J].东岳论丛,2016(09).

❽ 滕亚为.户籍改革中农村土地退出补偿机制研究———以重庆市为例[J].国家行政学院学报,2011(04).

❾ 程春丽.农村宅基地退出补偿与利益机制构建探析[J].农村经济,2014(1).

峰等[1]（2011）主张宅基地的受偿主体只能是村集体和农民，地方政府除按法律法规收取相关税费外不参与收益分配。

3. 关于促进主体功能区人口迁移方式的研究

国内学者对农村劳动力转移问题的关注始于20世纪80年代以后，集中探讨了劳动力市场分割、劳动力转移过程对城乡收入差异的影响以及农村转移劳动力回流等问题（蔡昉、都阳、王美艳[2],2001；林毅夫[3],2003）。自从2005年通过的“十一五”规划建议提出“主体功能区”概念以来，关于主体功能区建设背景下的农村劳动力转移方式问题的主要观点可概括为两类：一类是质疑主体功能区规划引发大规模人口迁移的合理性，主要是认为我国少数民族多集中在西部边远地区，这些地区大多是生态环境比较脆弱的限制、禁止开发区，西部地区人口向中、东部地区的长途迁移，会面临迁移成本过高、城市过度膨胀、就业容量不足、文化冲突和落后地区边缘化加剧等问题（魏后凯[4]，2007；安虎森、簿文广[5]，2007）。另一类是主张积极推进农村人口在不同主体功能区之间跨区域迁徙，对人口迁移提供就业与培训、购买与修建住房、生产转型、户籍管理、税收、土地、子女入学、医疗保险等配套政策（郭志仪[6],2008；丁四保、宋玉祥、王荣成[7]，2009)。

---

❶ 徐小峰，胡银根，魏西云，王恒．中国土地勘测规划农村宅基地退出与补偿的几点思考[J].国土资源情报，2011(08).

❷ 蔡昉，都阳，王美艳．户籍制度与劳动力市场保护[J].经济研究，2001(12).

❸ 林毅夫．深化农村体制改革，加速农村劳动力转移[J].中国行政管理，2003(11).

❹ 魏后凯．对推进形成主体功能区的冷思考[J]．中国发展观察．2007(03).

❺ 安虎森，薄文广．主体功能区建设能缩小区域发展差距吗[J]．人民论坛，2011(17).

❻ 郭志仪．主体功能区必须以科学合理的人口分布为基础[J].人口与发展，2008(05).

❼ 丁四保，宋玉祥，王荣成．农村人口城市化是实现主体功能区价值目标的根本途径[J].经济地理，2009(08).

4. 关于制约主体功能区人口合理布局的现行财政政策因素

学界认为现行财政政策是制约人口的迁移因素，而住房、社会保障以及教育等基本公共服务供给缺陷，不利于主体功能区人口合理迁移。例如，马晓河、胡拥军❶（2018）认为不合理的财税体制是农业转移人口市民化的重要制约因素。朱杰❷（2008）认为人口迁移中家庭迁移的意愿越来越强烈并逐渐成为主要趋势，因此，我国高房价以及住房保障制度不健全是制约人口迁移的主要因素。贾康、马衍伟❸（2008）认为目前的社会保障制度与我国大规模人口流动和迁移的现状并未完全适应，特别是在主体功能区的人口合理布局的协调上，存在制度性障碍，比较突出的是社会保障统筹层次低的问题。李晓蕙❹（2009）认为社保体系“碎片化”和社保基金转移环节复杂，特别是城乡之间无法顺畅对接的矛盾。这既违背了社会保障所追求的公平公正原则，弱化了社会保障调节收入分配的功能，也直接造成主体功能区人口不合理布局，特别是形成劳动者流动和迁移时面临事务性成本高和社会保障权益受损的双重流动阻碍。魏东霞、谌新民❺（2018）认为城市落户门槛高和技能偏向提高了流动人口家庭儿童留守的概率。

5. 关于促进主体功能区人口合理布局的财政政策

学界主要围绕政府在促进主体功能区人口有序迁移的作用、人口的流向以及提供基本公共服务等方面进行讨论。例如，刘涛、齐元静、曹广忠❻（2015）认为

❶ 马晓河，胡拥军．一亿农业转移人口市民化的难题研究 [J]. 农业经济问题，2018(04).

❷ 朱杰．人口迁移理论综述及研究进展 [J]. 江苏城市规划，2008(07).

❸ 贾康，马衍伟．推动我国主体功能区协调发展的财税政策研究 [J]. 经济研究参考，2008(03).

❹ 李晓蕙．中国区域经济协调发展研究 [J]. 知识产权出版社，2009.

❺ 魏东霞，谌新民．落户门槛、技能偏向与儿童留守——基于 2014 年全国流动人口监测数据的实证研究 [J]. 经济学（季刊），2018(02).

❻ 刘涛，齐元静，曹广忠．中国流动人口空间格局演变机制及城镇化效应——基于 2000 和 2010 年人口普查分县数据的分析 [J]. 地理学报，2015(04).

我国政府在引导人口有序迁移中发挥重要作用。童玉芬、王莹莹[1]（2015）认为人口流动偏向北上广，是因为流入地的净收入对人口流向选择影响显著，建议发展一线大城市周边经济，创造更多就业岗位，完善公共服务，引导人口流向。赵慧、邹蓉[2]（2015）根据安徽省主体功能区分布状况，提出完善政府间转移支付制度，促进基本公共服务均等化，从而引导主体功能区人口合理迁移。杨菊华[3]（2018）认为人口流动跨越的行政区域越大，拥有住房或租住公屋的概率越低，因此，主张政府增加公租房供给。

（三）简要评价

由于主体功能区的概念是我国率先提出的，尽管城乡人口迁移问题受到国外学者的广泛关注，但是尚无专门针对主体功能区划背景下利用财政政策促进人口合理迁移的文献。西方学者关于影响城乡人口迁移因素的分析，对我国研究和制定主体功能区人口迁移政策具有重要借鉴意义。显然，促进限制开发区人口向重点开发区等城镇化地区迁移，必然涉及农村宅基地和承包地的处置，也涉及为了保证耕地总量不减少，如何处理城乡建设用地增减挂钩的问题。因此，西方关于土地产权以及土地开发权交易等理论对我国协调主体功能区人地关系矛盾也具有一定的参考价值。但是，由于土地所有制不同，我国在解决主体功能区人地关系矛盾时，必须结合我国实际情况，进行必要的修正与创新，而不是盲目照搬照抄。

国内学者也囿于对主体功能区之间人口跨区域迁移的必要性与可能性的研究，缺少促进人口迁移的具体财政对策研究。现有的理论研究表明，影响人口迁移的因素很多，特别是地区间的收入差距引起的人口迁移难以适应主体功能

---

[1] 童玉芬，王莹莹．中国流动人口的选择：为何北上广如此受青睐？——基于个体成本收益分析[J]．人口研究，2015(04).

[2] 赵慧，邹蓉．主体功能区视角下安徽基本公共服务均等化研究[J]．湖北经济学院学报（人文社会科学版），2015(09).

[3] 杨菊华．制度要素与流动人口的住房保障[J]．人口研究，2018(01).

区规划要求，简单地促进人口在西、中、东部之间跨区域的大规模迁移也不符合中国现实。当前必须研究如何发挥财政政策的作用，促进人口流动既符合主体功能区规划的要求，又能避免大规模人口迁移带来的矛盾与冲突。当然，与过分忽视政府作用一样，片面强调政府的作用，不仅不利于人口有序迁移与合理布局，反而会干预市场经济正常机制的发挥，增加财政负担，影响区域公平发展。因此，如何对影响主体功能区人口迁移的诸多因素进行全面梳理，分清楚究竟哪些问题应由市场解决，哪些问题应由政府来解决，尤其是哪些问题需要通过发挥财政政策调节作用来解决等，都需要进一步深入研究。

关于农村土地产权问题，就我国实践来看，公有土地实行所有权与经营权合一无疑是倒退，土地私有化也不是提高生产效率的最佳或唯一途径，而建立长期稳定的承包经营关系在特定时期提高了农户的积极性。显然，不同国家以及同一国家的不同历史时期，都需要与之国情相适应的农地产权制度设计。在改革初期，市场经济不发达，土地是农民养家糊口的主要或唯一经济来源，家庭联产承包经营责任制充分调动了农民的农业生产积极性。但是，我国农村土地承包经营权被分割、固化在每个集体成员身上，导致土地“碎片化”现象严重。目前，农村劳动力大量流入城市，农村土地与其承包人相分离，农地流转制度不规范抑制了土地规模化经营，不利于对土地的长期投资。因此，当前农村土地产权改革研究，一定要在坚持土地公有制的基础之上，并能从产权制度设计上克服承包经营权被分割和固化的状态，促进农业规模化经营，鼓励对土地的长期投资。从某种程度上讲，增减挂钩结余指标流转就是协调人地关系的矛盾，土地供给要考虑到人口的迁移，即实现人随地走。诚然，增减挂钩结余指标交易半径过小限制了城乡建设用地配置空间。但是，我国东西南北之间水文气候、地质地貌等自然环境以及语言、文化习俗等社会条件差异很大，人口大规模跨区域长途迁徙显然不切实际，如果在全国范围进行增减挂钩结余指标交易，中、西部落后地区的建设用地指标就会流向出价较高的东部地区，会进一步加剧区域间发展不平衡。当前讨论增减挂钩结余指标交易半径主要限于行政区域，而非经济区域。其实经济区域是一种综合性经济发展地理概念，它既反映特定空间范围内的人力资源、土地资源以及生态资源的合理利用程度，也反映其环境、土壤、气候以及文化习俗等一致性因素，因此，增减挂钩结余指标更适合在特定的经济区域范围内交易。其实，当前无论是法律或制度层面，还是宅基地退出的实践层面出现的问题，根源在于没有从理论层面厘清我国宅基地使用权的性质。主张宅基地私有化的观点，实际上是将宅基地使用权混同于所有权，是对集体权益的侵害。而单方面强调宅基地的集体所有权，忽视农民的土地开发权，实际上是对农民宅基地使用权的无情剥夺。应依据土地开发权交易理论界定我国农村宅基地退出的性质，并以此作为研究农村宅基地退出补偿的理论依据。综上所述，近些年来，国内学者围绕推进主体功能区建设以及促进主体功能区人口合理布局等方面提出了很多有价值的观点，丰富了区域经济学理论和人口学理论。但是，至今专门研究财政政策促进主体功能区人口合理布局的文献并不多见。因此，应坚持市场在主体功能区人口迁移中的基础性或决定性地位的前提下，紧密结合当前实际情况，更加注重探索政府的作用领域和调控方式，才能研究制定有效的促进主体功能区人口合理迁移的财政政策。

三、研究方法、逻辑与内容结构

（一）研究方法

本课题的研究方法分为两个层次。第一个层次是总体研究方法，它们将贯穿于研究的全过程，统领整个研究工作的开展，主要有系统法、行为分析法、归纳法等；第二个层次是具体研究方法，包括实证研究法、文献研究法、逻辑推理法、比较分析法、需求分析法以及因素分析法等，其中实证研究法将在本书中广泛使用。具体来讲，第一章“导论”主要采取文献研究法；第二章“全国主体功能区人口分布状况”与第三章“主体功能区人地关系矛盾”主要采用实证研究法和逻辑推理法；第四章“多层次跨区域主体功能区人口迁移方案”主要采取比较分析法和因素分析法；第五章“财政政策促进主体功能区人口有序迁移的理论依据”主要采用逻辑推理法、文献研究法、需求分析法等；第六章“制约主体功能区人口有序迁移的财政政策因素”主要采取因素分析法；第七章“促进人口布局与主体功能区规划相协调的财政政策”主要采用实证分析法、因素分析法和比较分析法。

（二）研究逻辑与内容结构

本书在分析主体功能区人口分布状况基础上，揭示主体功能区人地关系矛盾、探讨主体功能区人口迁移方案；在研究财政政策促进主体功能区人口迁移基本理论的基础上，分析影响和制约主体功能区间人口合理迁移的财政政策因素，提出促进人口布局与主体功能区规划相协调的财政政策建议。本书研究技术路线如图 1-1 所示。

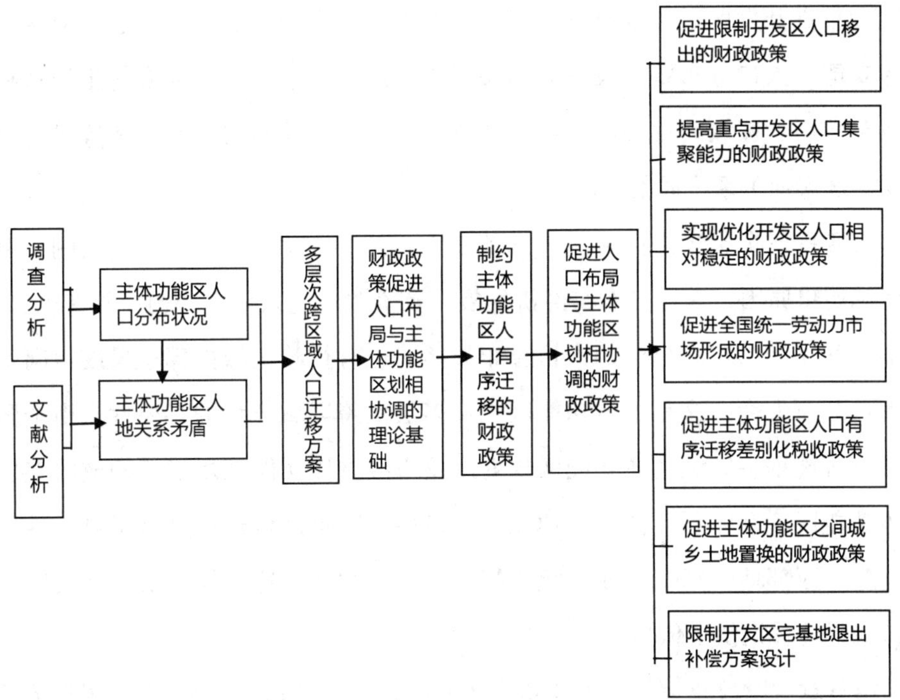

图 1-1 促进人口布局与主体功能区划相协调的财政政策技术路线

第一章“导论”。主要陈述选题背景、意义和目的。评述国内外有关主体功能区人口迁移的文献。介绍本书的研究方法，概括全书的逻辑与结构，列举本书可能存在的创新与不足。

第二章“全国主体功能区人口分布状况”。依据《中国2010年人口普查资料》《中国统计年鉴2011》及《全国及各地主体功能区规划》的数据，以全国31个省（市、区）的2856个县（市、区）为行政单元，按照主体功能区类型、国土面积、人口和地区总产值等指标，对全国主体功能区人口布局情况进行统计分析。统计结果表明：限制开发区存在大量农村剩余劳动力和生态超载人口；部分优化开发区人口已经达到或超过当地环境资源承载力的上限；重点开发区环境资源承载力较强，具有进一步集聚人口的发展潜力。因此，目前应当促进限制开发区人口向重点开发区迁移。

第三章“主体功能区人地关系矛盾”。分别分析了城市化地区（包括优化开发区和重点开发区）和乡村化地区（包括农产品主产区和重点生态功能区）的主体功能区人口分布状况及其人地关系矛盾的表现形式，认为农村土地产权制度改革滞后、区域间发展不平衡以及进城农民户籍地与居住地分离等是造成主体功能区人地关系矛盾的根源。

第四章“多层次跨区域主体功能区人口迁移方案”。我国幅员辽阔，由于自然和历史原因，人口分布与经济发展以及资源环境条件不协调，既有东、中、西部之间大尺度空间范围的人口分布失衡，也有行政区域内部小尺度空间范围的人口分布失衡，这是主体功能区人口多层次跨区域迁移的必要性。由全国主体功能区规划、省级主体功能区规划以及市级主体功能区规划等构成的多层级主体功能区规划体系，使主体功能区人口多层次跨区域迁移具有了可行性。尤其是中、西部地区每个省或地级市都有重点开发区，这为促进限制开发区部分人口就近转移提供了依据。

第五章“财政政策促进主体功能区人口有序迁移的理论依据”。根据劳动力迁移的净收益现值理论模型，只有劳动力迁移的净收益现值不小于0，跨区域迁移才可能发生。劳动力迁移的“区域黏性”成本，包括迁移成本、就业率、基本公共服务、习俗、亲友情况等，是由非市场因素决定的，属于政府应当发挥作用的领域，换言之，就是要政府制定有利于降低或补偿劳动力迁移的“区域黏性”成本的财政政策，促进主体功能区人口有序迁移。另外，根据劳动力迁移的净收益现值理论模型，在迁入地就业年限越长或迁移者年龄越小，迁移动因越强，受到“区域黏性”成本的制约就越小。因此，应加大对中西部限制开发区教育的投入，以促进“教育移民”，从而有利于中、西部落后地区年轻人跨区域长途迁移。

第六章“制约主体功能区人口有序迁移的财政政策因素”。政府主导的政策性人口迁移也是主体功能区人口合理布局的重要方式，且无论是市场自发的人口迁移还是政策性人口迁移都不同程度地借助于政府机制的推动和引导，财政政策是政府机制中最核心的和最有力的工具。本书认为以户籍制为基础的财力配置机制、财政教育投入失衡、住房保障支出力度弱、社会保障统筹层次低、财政忽视就业培训等人力资本投资、退地农民跨区财政补偿机制设计缺失、土地出让收入在政府间的分配不合理以及转移支付制度安排不合理等八大财政政策因素制约了主体功能区人口合理布局。

第七章“促进人口布局与主体功能区规划相协调的财政政策”。本章主要根据主体功能区人口分布状况、人地关系矛盾以及制约主体功能区人口有序迁移的财政政策因素，提出促进主体功能区人口有序迁移的财政政策。具体包括：针对限制开发区存在大量农村剩余劳动力和生态超载人口，提出要促进限制开发区人口有序迁移的财政政策；根据重点开发区环境资源承载能力较强，但是人口的集聚能力较弱的矛盾，提出提高重点开发区人口集聚能力的财政政策；针对部分优化开发区中心城区人口聚集程度过高，已经达到或超过当地的环境资源承载力，提出保持优化开发区人口相对稳定的财政政策；针对目前户籍制度、社会保障制度以及就业信息渠道不畅等制约人口迁移的体制或制度障碍，提出建立促进全国统一劳动力市场形成的财政政策；针对传统区域税收优惠政策存在的问题，提出促进主体功能区人口有序迁移的差别化税收政策；针对不同类型主体功能区之间建设用地供求失衡的矛盾，提出促进主体功能区之间城乡土地置换的财政政策；针对宅基地补偿机制不健全是制约进城农民“转户退地”的主要因素之一，提出了限制开发区宅基地退出补偿方案。

四、创新与不足

（一）可能存在的创新

综观以上研究内容，本书试图在理论与政策方面取得以下创新点。

1. 理论上可能存在的创新

第一，围绕劳动力迁移的净现值计算公式，揭示财政政策促进主体功能区之间人口合理迁移的理论依据。劳动力迁移的净收益现值计算公式为：

$$\mathrm{NIP}=\sum_{t=1}^{n}[(R_1-R_0)/(1+r)^t]-C$$

其中：NIP 为劳动力迁移的净收益现值；R_1 为劳动力在新区域的预期货币收益；R_0 为劳动力在原区域的货币收益；n 为劳动力在迁入地的预期工作时间；r 为贴现率；C 为劳动力迁移的“区域黏性”成本，包括迁移成本、就业率、基本公共服务、习俗、亲友情况等。NIP>0 是劳动力跨区域迁移的基本动因，这不仅取决于区域间收入差距，还要看“区域黏性”成本 C 的大小，C 越小，则 NIP 越大，劳动力跨区域迁移动因越强。NIP 是 n 的增函数，n 是在迁入地的工作时间，亦即年轻人迁移愿望强。

此外，在劳动力人口迁移模型的基础上，引入包括非劳动力人口的家庭迁移模式。由于加入非劳动力人口的迁移，并不增加货币收入，但却增加了人口迁出的“区域黏性”成本 C。这也解释了我国目前存在大量劳动力人口外出打工，但是将儿童和老人留在农村，成为农村“留守儿童”或“空巢老人”的原因。

显然，C 和 n 是非市场因素决定的，正是政府应当发挥作用的领域。因此，在市场经济条件下，劳动力迁移的净收益现值理论模型的财政政策含义是明显的。一方面，应通过完善限制开发区宅基地退出补偿机制、降低“转户退地”机会成本、提供就业指导和有效的就业信息，重点开发区要为进城务工人员提供教育、医疗卫生、社会保险以及住房保障等基本公共服务，以及努力降低限制开发区人口迁出的“区域黏性”成本 C；另一方面，因为迁移者年龄越小，在迁入地就业时间越长即 n 越大，迁移动因越强，且受到“区域黏性”成本的制约就越小。因此，应加大对中、西部限制开发区教育的投入，以促进“教育移民”，从而有利于中、西部落后地区年轻人跨区域长途迁移。

第二，提出支持建立农地“二元”产权制度的财政政策，消除“户籍人口迁移悖论”。“转户退地”意愿低导致大量进城农民户籍地与居住地分离，是形成人地关系矛盾的一个主要原因。农村“户籍人口迁移悖论”是指在现行农村土地归集体“一元”所有的条件下，“转户”农民将土地退还给农村集体组织，随着农村户籍人口向城镇迁移，农村集体组织成员逐步减少，而集体组织的土地总量不变，目前第二轮承包期快要到期，尚未“转户退地”农户就会预期自己在第三轮承包期内占有的土地份额会增加，从而导致进城农民“转户退地”意愿越来越低，以致一些事实上已经“市民化”了的进城农民也不愿“转户退地”。虽然2014年《国务院关于进一步推进户籍制度改革的意见》规定不得以退出土地承包经营权、宅基地使用权、集体收益分配权等“三权”作为农民进城落户的条件。但是，目前各地第二轮土地承包快要到期，第三轮承包办法还没出台，农户预期保留农村户籍就可以在第三轮承包期内继续享有“三权”，如果失去农村户籍，可能意味着在第三轮承包期内不能继续享有“三权”。“户籍人口迁移悖论”的存在，不仅导致户籍城镇化率降低，更主要的是导致大量宅基地和承包地的闲置。

为此，提出建立农村土地“二元”产权制度的设想。建议摒弃农村土地归集体“一元”所有的传统思想，将继续留在农村的农户的宅基地、承包地界定为集体所有，而将进城落户家庭自愿退出的宅基地、承包地界定为国家所有。建立农村土地“二元”产权制度有利于消除“户籍人口迁移悖论”。若将退户农民自愿退出的宅基地、承包地界定为国家所有，而不是限定为退户农民所在的原集体所有，就会消除未退户农民在第三轮承包期中享有“三权”份额增加的预期，从而降低农村户籍人口迁移的黏性，促进户籍人口城镇化率，更重要的是有利于消除宅基地和承包地的“人地分离”问题，提高土地资源利用效率。

为支持农地产权制度改革，建议建立财政“转户退地”补偿基金，专项用于农户退地补偿、土地整治、复垦和再利用等方面支出，基金主要来源于地方政府财政专项拨款、国有农地（耕地）经营权出让收入、城乡建设用地增减挂钩指标跨区域转让收入以及上级政府补助等。

必须指出，我国《宪法》《土地管理法》等规定：我国土地实行社会主义公有制，即全民所有制和劳动群众集体所有制两种形式。将部分“转户农民”自愿退出土地纳入国有土地，只是公有制内部两种形式之间的转换，没有改变土地公有制性质，且有利于维护农民利益。我国长期使用的土地征用制度就是将集体土地改变为国有土地的先例，因此，探索建立农地“二元”产权制度，并不存在法律上的冲突。

2. 对策建议上可能存在的创新

第一，提出多层次跨区域的主体功能区人口迁移方案。由于主体功能区规划分为国家和省两个层级，并以县为基本行政单元，为了避免单一形式的由西向东的大规模人口跨区域迁移引发的矛盾与冲突，人口跨区域流动应当具有层次性，既可以是东、中、西部之间和临近省区之间的跨地区流动，也可以是省内不同主体功能区之间和特定区域内城乡人口流动。从 2011 年颁布的《全国主体功能区规划》来看，中西部地区每个省都有重点开发区，这为限制开发区人口近距离迁移和规划民族集聚区域提供了便利条件。因为年龄越小人口迁移动因越强，主张加大对限制开发区的教育投入，通过提高限制开发区青年人口受教育年限，增强年轻人就业能力和跨区域迁移能力，而对于老人和少数民族人口则因为文化习俗差异和融入外地文化能力不足等原因，应该就近转移落户。

第二，提出促进主体功能区人口合理迁移的差别化税收政策。认为应以主体功能区差别化税收政策取代传统的区域税收优惠政策。在市场经济条件下，人口迁移的基本动因是追求个人或家庭福利最大化，其中经济收入在影响人口迁移的诸因素中起决定性作用。因此，促进人口布局与主体功能区规划相协调，必须建立与主体功能区发展战略相配套的产业政策，以产业引导就业，以就业引导人口迁移。税收政策是宏观调控的重要工具，对于促进主体功能区产业协调发展具有重要作用。因此，税收政策对人口流动的作用机理可以概括如下：工资等收入差异引起人口由低收入地区向高收入地区迁移，区域间工资等收入差距是由区域间劳动力供求关系决定的，劳动力需求是由产业规模和产业性质（资本密集型还是劳动密集型）决定的，区域税收政策则是调节产业规模与结构的重要工具。

第三，设计了基于土地开发权理论的限制开发区宅基地退出补偿方案。缺乏健全的宅基地补偿机制是制约主体功能区人口迁移的重要因素之一，针对当前宅基地退出补偿机制不健全问题，以皖江城市带为例，设计两套宅基地退出补偿方案：一是在目前农村土地交易市场不完善情况下，城乡建设用地增减挂钩结余指标只限于本县市区行政范围内调剂使用，适合采用“市场参照法”下的宅基地退出补偿方案；二是在将来皖江城市带统一的农村土地交易市场形成的情况下，城乡建设用地增减挂钩结余指标可以在皖江城市带范围内跨区域交易使用，适合采用“区域交易法”下的宅基地退出补偿方案。

（二）存在的不足之处

本书将主体功能区规划、人口流动与财政政策放在同一个框架下，研究主体功能区规划背景下财政政策与人口流动的关系。因此，课题研究所涉及的学科专业较多，更是因为我们水平有限，本书研究难免存在诸多缺陷与不足，目前笔者可以察觉到的问题主要表现在以下几个方面。

(1) 对各类主体功能区的生态环境承载力缺乏客观量化的指标。虽然本书采取了多学科综合分析的方法，综合运用人口学、社会学、管理学、经济学等学科知识，将主体功能区规划、人口流动与财政政策放在同一个框架下研究，但是影响主体功能区人口承载力的因素非常复杂，除了土地面积、经济规模、人口数量等指标以外，还应包括气候、水源、地质等因素。受制于现有的技术手段、统计资料以及课题组的专业结构，本课题在主体功能区人口环境资源承载力的测度上还存在明显不足或欠缺，相对于人口、经济、土地等指标，生态环境承载力指标缺乏客观量化的数据，难以直接对各个主体功能区生态环境承载力情况进行量化说明与比较。

（2）部分篇章之间数据时间口径不一致。因为各个地方主体功能区规划公布时间严重滞后于预期，导致课题研究周期过长，部分篇章之间采用数据资料的时间口径不一致，有些年份的数据甚至显得陈旧。由于主体功能区规划涉及的问题多，引发的矛盾大，各个省级主体功能区规划的进度和公布时间不一致，直到 2015 年 5 月，国家发展和改革委员会才汇编发行《全国及各地主体功能区规划》，客观上导致本题研究延期。当然，这一问题并不影响本书的研究结论。

（3）有些问题研究不够深入。影响主体功能区之间人口迁移的因素较为复杂，本书认为农村土地产权制度改革滞后是制约限制开发区人口迁移的最主要原因。虽然本书提出建立农地“二元”产权制度，但是各地财政能力以及土地置换带来的增值收益差异较大，如果“转户农民”将土地退给地方政府，土地整治复垦与退地补偿资金如何筹集，“国有农地”的管理主体如何确定，等等。本书只是给出一个初步的思路，还需要进一步深入研究。此外，2017 年 8 月 29 日，习近平主持召开中央全面深化改革领导小组第三十八次会议，审议通过了《关于完善主体功能区战略和制度的若干意见》，会议指出要推动主体功能区战略格局在市、县层面精准落地。因此，以主体功能区规划为基础，促进主体功能区人口布局规划与国民经济与社会发展规划、城乡建设规划、土地资源利用规划、环境保护规划等相互协调，或者说，将主体功能区人口布局规划纳入“多规合一”改革之中，促进主体功能区人口布局在市、县层面精准落地，应是下一步尚需继续深入研究的问题。

第二章　全国主体功能区人口分布状况

传统的人口统计都是以行政区划为单元进行的，但是全国主体功能区规划突破了行政区划界限，迄今为止，还没有专门针对主体功能区人口的统计资料。只有掌握各类型主体功能区人口分布状况，才能采取有效政策手段，促进人口布局与主体功能区规划相协调。由于省级主体功能区规划是以县为基本行政单元，因此，本书对全国 31 个省（市、区）的 2856 个以县为基本行政单元的不同类型主体功能区人口分布情况进行了全面统计。

一、关于主体功能区人口分布的指标设计及数据来源

按照《全国及各地主体功能区规划》，主体功能区分为国家和省两个层级，包括优化开发区、重点开发区、限制开发区和禁止开发区四个类型，其中限制开发区又分为农产品主产区和重点生态功能区。由于主体功能区划分以县为基本行政单元，禁止开发区和重点开发镇点状分布在不同类型的主体功能区之中，因此，本文对全部国土空间的优化开发区、重点开发区、农产品主产区和重点生态功能区四个空间类型以县级行政单元进行统计，没有单独统计点状分布的禁止开发区和重点开发镇。由于《全国主体功能区规划》以及各省级主体功能区规划主要以 2010 年为基准年份，为了保证统计口径的一致性，所以县级行政单元的主体功能区空间范围以 2010 年的行政区划为基准。同时，考虑到第六次人口普查时间为 2010 年，所以各个主体功能区人口数据来源于第六次全国人口普查分县数据，各个主体功能区 GDP 数据来源于各省市区的 2011 年统计年鉴。依据《全国及各地主体功能区规划》，分别对全国 31 个省（市、区）2856 个县级行政单元按照主体功能区类型、国土面积、常住人口、户籍人口和地区总产值等指标进行数据汇集与整理，以取得反映各地主体功能区人口分布的基本数据❶。各个省、自治区和直辖市各类主体功能区各项指标具体汇总情况，参见附录部分 1–31。

❶ 不包括台湾、香港和澳门地区的数据，由于新疆主体功能区规划包括了新疆建设兵团，所以本书对《新疆建设兵团主体功能区规划》没有单独统计。

二、主体功能区人口分布状况分析

（一）主体功能区人口指标统计

依据《全国及各地主体功能区规划》，在分别对全国31个省（市、区）2856个县级行政单元按照主体功能区类型、国土面积、常住人口、户籍人口和地区总产值等指标进行统计的基础上，再按照东北、中部、西部和东部四大板块❶进行汇总统计，以考察区域间不同类型主体功能区人口布局状况，具体情况参见表2-1。

表2-1　不同类型主体功能区人口分布情况

主体功能区类型	地区	国土面积		常住人口		户籍人口		国民生产总值	
		平方千米	比重（%）	万人	比重（%）	万人	比重（%）	亿元	比重（%）
优化开发区	东北	11324	0.11	1657.5	1.25	1399.14	1.05	10171	2.34
	东部	123472.2	1.30	16562.2	12.53	11497.2	8.62	113876.2	26.23
	合计	134796.2	1.41	18219.7	13.78	12896.4	9.67	124047.2	28.57
重点开发区	东北	90922.76	0.95	3858.02	2.92	3601.75	2.70	11780.2	2.71
	东部	198806	2.07	16833.7	12.74	14777.8	11.08	69972.1	16.12
	中部	226706.7	2.36	15053.3	11.39	14896.5	11.17	51044.65	11.76
	西部	790608	8.25	17855.2	13.51	17802.2	13.35	56506.11	13.02
	合计	1307043	13.63	53600.3	40.56	51078.3	38.3	189303.1	43.61

❶ 国家区域发展战略的“四大板块”是指：西部地区包括内蒙古、陕西、甘肃、宁夏、青海、新疆、四川、重庆、广西、云南、贵州和西藏12个省、直辖市、自治区；东北地区包括黑龙江、吉林和辽宁3省；中部地区包括山西、河南、安徽、江西、湖北和湖南6省；东部地区包括北京、天津、河北、山东、江苏、上海、浙江、福建、广东和海南10省、直辖市。

续 表

主体功能区类型	地区	国土面积		常住人口		户籍人口		国民生产总值	
		平方千米	比重（%）	万人	比重（%）	万人	比重（%）	亿元	比重（%）
农产品主产区	东北	254413.5	2.65	3502.41	2.65	3755.36	2.82	10546.09	2.43
	东部	313555.4	3.27	12032.5	9.10	13267.0	9.95	34163.72	7.87
	中部	413563.7	4.32	14376.0	10.88	17206.1	12.90	24172	5.57
	西部	1475172	15.39	10053.7	7.61	11906.8	8.93	14332.88	3.30
	合计	2456705	25.63	39964.6	30.24	46135.2	34.6	83214.69	19.17
重点生态功能区	东北	454270	4.74	1653.04	1.25	2035.7	1.53	4771.71	1.10
	东部	302283.2	3.15	4962.43	3.75	5714.35	4.29	13096.35	3.02
	中部	386892.5	4.04	5861.03	4.43	6627	4.98	9562.017	2.20
	西部	4542133	47.40	7915.24	5.99	8845.52	6.63	10146.33	2.33
	合计	5685579	59.33	20391.7	15.42	23222.6	17.43	37576.41	8.65
总计		9584123	100	132176.3	100	133332.4	100	434141.4	100

数据来源：《全国及各地主体功能区规划》，2010 年全国人口普查数据，各省、市、自治区 2011 年统计年鉴。表中各项数据根据附录 1-31 统计汇总而成

（二）主体功能区人口分布状况

从表 2-1 可知各个类型主体功能区人口分布状况。

1. 优化开发区人口分布状况

部分优化开发区实际人口数量已经达到或超过了环境人口容量的上限。环境人口容量是指特定区域的自然资源和生态环境所能承载的最大人口数量，一般主要由土地面积、水资源等指标决定。根据表 2-1，从优化开发区国土空间、常住人口、户籍人口、国民生产总值占全国的比重来看，优化开发区以 1.41% 的国土空间，承载了全国 13.78% 的常住人口、9.67% 户籍人口和 28.57% 的经

济产出。优化开发区主要分布在东部地区和少量分布在东北地区，主要集中在长三角、珠三角和环渤海三大经济带的中心城市的中心城区，人口与经济高度集聚，每平方千米常住人口密度高达1352人，接近全国平均人口密度（每平方千米139人）的10倍。优化开发区常住人口（18219.68万人）比户籍人口（12896.35万人）多出5323.33万人，证明外来人口多，流动人口所占比重大，人口压力大，造成对优化开发区住房保障、教育、医疗、社会保障等基本公共服务的需求压力过大。尤其是造成优化开发区大城市的一些中心城区土地资源供应紧张，住房价格过高，交通和环境压力过大。因此，优化开发区实际人口数量达到或超过了人口承载力的上限，难以容纳更多人口流入，应当严格控制人口增长，保持人口规模相对稳定。必须指出，一个地区的人口容量是由经济人口容量和环境人口容量二者共同决定的，但是一个地区人口容量上限是由二者中较小的那个人口容量所决定。虽然优化开发区经济人口容量尚有较大空间，但是环境人口容量已经相对饱和，即优化开发区的最终人口容量由其较小的环境容量决定，应保持人口相对稳定（关于经济人口容量和环境人口容量的论述，详见第五章“财政政策促进主体功能区人口有序迁移的理论依据”中“相关概念的厘清”，此处不再赘述）。

2. 重点开发区人口分布状况

首先，从总体上来看，重点开发区存在较大的人口承载能力。重点开发区面积占全国的13.63%，常住人口占全国的40.56%，国民生产总值占全国的43.61%，重点开发区环境资源承载能力较强，城镇化基础较好，是国家和区域新的重要经济增长极。重点开发区和优化开发区都是城镇化和工业化地区，重点开发区每平方千米常住人口密度仅为410人，而优化开发区每平方千米常住人口密度高达1352人，前者不到后者的三分之一。显然，重点开发区环境人口容量还存在较大的空间，具有很强的人口集聚能力。其次，从空间结构上看，东部重点开发区进一步集聚经济人口的潜力大于中部、西部和东北地区（具体参见表 2-2）。根据表 2-2 做折线图 2-1，显然，从“四大板块”的重点开发区常住人口和国民生产总值占全国比重的匹配情况来看，除了东部重点开发区国民生产总值占全国比重高于常住人口占全国比重以外，东北、中部、西部重点开发区国民生产总值占全国比重与常住人口占全国比重大体一致，这在一定程度上说明东部重点开发区进一步集聚经济人口的潜力大于中部、西部和东北地区，也反映出人口跨区域迁移的必要性。

表 2-2　“四大板块”重点开发区常住人口与国民生产总值占全国比重情况

区域	常住人口占全国比重（%）	国民生产总值占全国比重（%）
东北	2.92	2.71
东部	12.74	16.12
中部	11.39	11.76
西部	13.51	13.02
合计	40.56	43.61

数据来源：根据表 2-1 数据整理得出

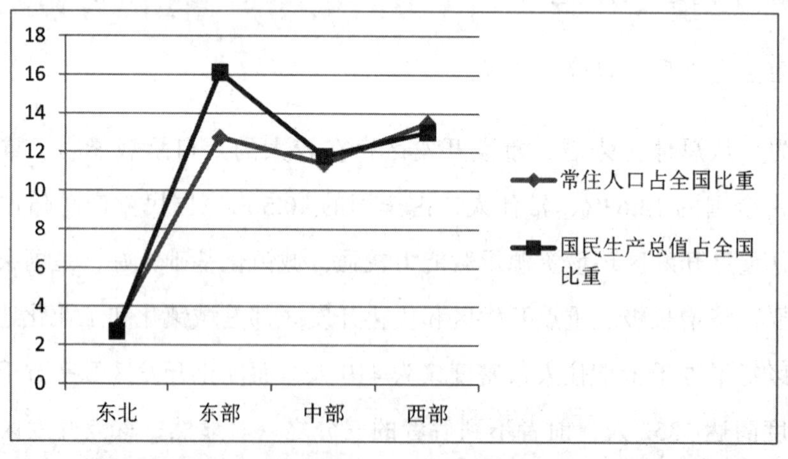

图 2-1　“四大板块”重点开发区常住人口与国民生产总值占全国比重情况折线图

3. 农产品主产区人口分布状况

首先，从总体上来看，农产品主产区实际人口数量已经超过了经济人口容量。经济人口容量是指特定区域的经济发展水平所能承载的最大人口数量，一般由国民生产总值、国民收入等指标决定。需要指出的是，在传统的农业社会，耕地面积是衡量经济人口容量的主要指标，但是在机械化水平很高的现代农业社会，耕地面积不宜作为经济人口容量的主要指标。农产品主产区面积占全国的 25.63%，常住人口占全国的 30.24%，国民生产总值却仅占全国的 19.17%。农产品主产区承担全国粮食供给安全，主要属于一些重要的商品粮基地，必须坚持更加严格的耕地保护制度。因此，农产品主产区实际人口数量已经超出其经济发展水平所能承载的最大人口数量。近些年，随着农业现代化生产方式的逐步推进，农产品主产区产生大量农村剩余劳动力亟待转移。其次，从空间结构上看，中部和西部地区的农产品主产区农村剩余劳动力的转移压力要大于东北、东部地区（具体参见表 2-3）。根据表 2-3 做折线图 2-2，显然，从“四大板块”的农产品主产区常住人口与国民生产总值占全国比重的匹配程度来看，东北、东部的农产品主产区常住人口与国民生产总值占全国比重相差较小，但是中部和西部的农产品主产区常住人口占全国比重明显高于国民生产总值占全国比重，这说明从主体功能区人口布局的角度来看，中、西部农产品主产区人口相对过剩较多，农村剩余劳动力转移就业的压力较大。

表 2-3　“四大板块”农产品主产区常住人口与国民生产总值占全国比重情况

区域	常住人口占全国比重（%）	国民生产总值占全国比重（%）
东北	2.65	2.43
东部	9.10	7.87
中部	10.88	5.57

续　表

区域	常住人口占全国比重（%）	国民生产总值占全国比重（%）
西部	7.61	3.30
合计	30.24	19.17

数据来源：根据表 2-1 数据整理得出

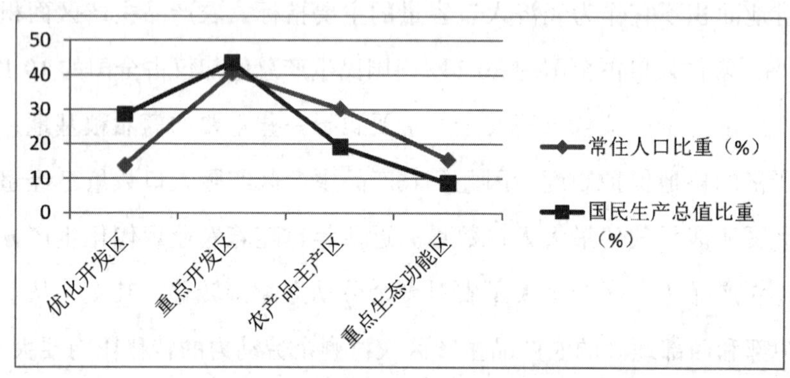

图 2-2　“四大板块”农产品主产区常住人口与国民生产总值占全国比重情况折线图

4. 重点生态功能区人口分布状况

首先，从总体上来看，重点生态功能区实际人口数量超过了环境容量和经济人口容量。重点生态功能区主要是生态敏感性较强或生态服务功能较大的区域，必须减少或禁止人类过度活动的区域。虽然重点生态功能区面积占全国的59.33%，但是重点生态功能区是全国或区域性生态安全屏障，全国 80% 重点生态功能区分布在西部地区，大部分区域生态极度脆弱，且很多处于主要江河的上游地区的水源地，不仅不能进行工业化开发，甚至不宜从事过度的农牧业活动，需要大力推进退耕还田、还林、还湖和退牧还草行动，为此，重点生态功能区亟待转移生态超载人口。重点生态功能区常住人口占全国的 15.42%，国民生产总值仅占全国的 8.65%，因此，重点生态功能区实际人口数量已经超过了经济人口容量。其次，从空间结构上看，西部地区重点生态功能区人口超载程度最高，中部、东部和东北的超载程度依次减弱（具体参见上表2–4）。根据表2–4做折线图2–3，显然，从“四大板块”的重点生态功能区常住人口与国民生产总值占全国比重的匹配情况来看，西部地区重点生态功能区常住人口与国民生产总值占全国比重的差距最大，中部次之，而东北地区差距最小。这也说明中、西部地区保护生态环境，转移生态超载人口的压力比东部和东北地区更大。

表2–4 “四大板块”重点生态功能区常住人口与国民生产总值占全国比重情况

区域	常住人口占全国比重（%）	国民生产总值占全国比重（%）
东北	1.25	1.10
东部	3.75	3.02
中部	4.43	2.20
西部	5.99	2.33
合计	15.42	8.65

数据来源：根据表2-1数据整理得出

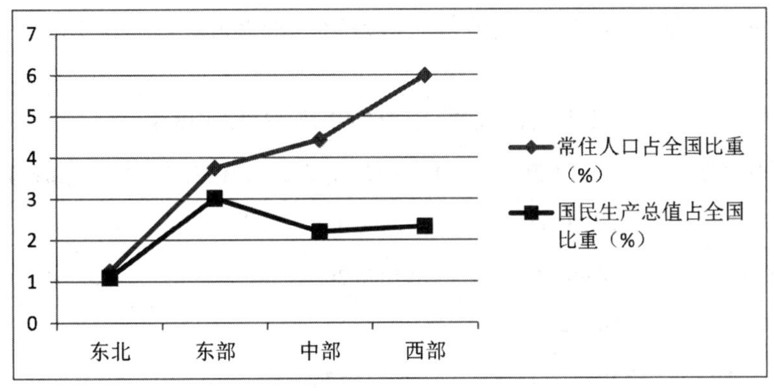

图2–3 “四大板块”重点生态功能区常住人口与国民生产总值占全国比重

（三）主体功能区之间常住人口与户籍人口差异状况

从各类主体功能区常住人口与户籍人口的差异情况来看，优化开发区和重点开发区的常住人口大于户籍人口，农产品主产区和重点生态功能区常住人口小于户籍人口，主要因为近些年大量农村剩余劳动力和生态超载人口从农产品主产区和重点生态功能区向优化开发区和重点开发区流入，导致户籍地与居住地分离。其中，优化开发区常住人口与户籍人口的差异为5323.33万人，而重点开发区常住人口与户籍人口的差异仅为2522.04万人，说明现实中农产品主产区和重点生态功能区人口主要流向优化开发区，而非重点开发区。现实表明，导致人口过度向优化开发区集中，不仅是因为北上广等中心城市具有更多的就业机会和更高的预期收入，也跟这些地区过度集中了优质的教育、文化、医疗等公共资源有关。此外，农产品主产区常住人口与户籍人口的差异率❶是0.13，高于重点生态功能区的0.12，说明农产品主产区人口的流动性比重点生态功能区强，这可能因为农产品主产区主要分布在交通便捷的平原地带，相对有利于劳动力的迁移，而重点生态功能区主要集中在中西部的老少边穷地区，交通不便，信息闭塞，少数民族人口比较集中，文化习俗等差异较大，导致人口迁移成本相对较高，人口黏性较强。然而西部重点生态功能区人口超载现象严重，人口脱贫和生态超载人口转移就业压力更大。显然，目前的人口流动与主体功能区人口均衡状态的要求相背离。各类主体功能区常住人口与户籍人口差异具体情况见上表2–5。

表2–5 主体功能区常住人口与户籍人口差异

主体功能区类型	常住人口（万人）	户籍人口（万人）	常住人口与户籍人口差异（万人）
优化开发区	18219.68	12896.35	5323.33
重点开发区	53600.3	51078.26	2522.04
农产品主产区	39964.62	46135.2	–6170.58
重点生态功能区	20391.74	23222.57	–2830.83

数据来源：根据表2-1数据整理得出

❶ 常住人口与户籍人口的差异率是指常住人口数与户籍人口数的差额绝对值除以户籍人口数，农产品主产区常住人口与户籍人口的差异率为：｜–6170.58｜÷46135.2=0.13；重点生态功能区常住人口与户籍人口的差异率为：｜–2830.83｜÷23222.57=0.12。

（三）实现人口资源环境协调状态下的主体功能区人口再分布

不同类型主体功能区之间常住人口均衡状态分析。根据上文分析，优化开发区经济和人口高度集聚，已经达到或超过环境资源承载力的上限，人口基本趋于饱和，必须控制人口总量的进一步增加，应保持人口规模相对稳定的状态。重点开发区生态环境资源承载力较强，是国家未来新的重要经济增长极，对劳动力需求量很大，具有很强的人口集聚能力❶。农产品主产区和重点生态功能区属于限制开发区，主要承担国家粮食安全和生态屏障的职能，限制大规模工业化、城镇化开发活动。同时，农产品主产区和重点生态功能区人均国民生产总值水平很低，为此，要实现区域协调发展，就必须促进限制开发区农村剩余劳动力和生态超载人口向外转移。显然，从区域间人口总量来看，促进全国主体功能区之间人口总量均衡，可以考虑在东部地区优化开发区人口总量相对保持不变的情况下，主要引导农产品主产区和重点生态功能区的农村剩余劳动力和生态超载人口向重点开发区流动。因此，下面主要分析在不包括东部地区优化开发区的情况下，不同类型主体功能区之间人口均衡状态。

在主体功能区建设背景下，促进重点开发区、农产品主产区、重点生态功能区之间的协调发展，不是追求各类主体功能区之间经济总量差距的缩小，而是实现人均收入差距的缩小，从而实现人口资源环境的相互协调。若令 GDP_Z、GDP_N、GDP_S 分别表示重点开发区、农产品主产区、重点生态功能区的实际国民生产总值，RGM_Z、RGM_N、RGM_S 分别表示重点开发区、农产品主产区、重点生态功能区的实际常住人口，RGM^*_Z、RGM^*_N、RGM^*_S 分别表示重点开发区、农产品主产区、重点生态功能区的均衡状态常住人口。❷假设全国范围内重点开

❶ 北京、上海、广州、深圳等国家级优化开发区的人口超载已经带来严重的环境问题，将来随着这些城市功能的疏解，人口应适当向周边重点开发区转移；同时，福建省的福州、泉州、厦门以及山东省淄博市等省级优化开发区尚存在一定的人口容量。因此，为了计算方便，在总量上设定优化开发区人口不变。

❷ 从区域的人口承载力角度来看，用常住人口统计比户籍人口更接近实际。

发区、农产品主产区、重点生态功能区经济指标为固定量，重点开发区、农产品主产区、重点生态功能区之间人口自由流动，则全国重点开发区、农产品主产区、重点生态功能区的常住人口均衡分布状态为：

① $GDP_Z/RGM^*_Z = GDP_N/RGM^*_N = GDP_S/RGM^*_S$

② $RGM_Z+RGM_N+RGM_S = RGM^*_Z+RGM^*_N+RGM^*_S$

将全国重点开发区、农产品主产区、重点生态功能区的2010年实际国民生产总值和常住人口规模代入方程①和②，则全国重点开发区、农产品主产区、重点生态功能区的均衡状态常住人口为：

$RGM^*_Z=69567.11$ 万人

$RGM^*_N=30580.62$ 万人

$RGM^*_S=13808.98$ 万人

于是，全国重点开发区、农产品主产区、重点生态功能区常住人口应流进流出量分别为：

$RGM^*_Z-RGM_Z=15966.81$ 万人，即在均衡状态下，农产品主产区和重点生态功能区常住人口应当向重点开发区流入15966.81万人。

$RGM^*_N-RGM_N=-9384$ 万人，表示农产品主产区常住人口应该有9384万人转移到重点开发区。

$RGM^*_S-RGM_S=-6582.76$ 万人，表示重点生态功能区常住人口应该有6582.76万人转移到重点开发区。具体情况见表2–6、图2–4和图2–5。

表2–6　经济人口承载力均衡状态下主体功能区之间人口迁移

主体功能区类型	国民生产总值（亿元）	实际常住人口（万人）	应净迁移人口（万人）	均衡状态常住人口（万人）
优化开发区	124047.17	18219.68	0（相对稳定）	18219.68
重点开发区	189303.1	53600.3	15966.81	69567.11
农产品主产区	83214.69	39964.62	–9384	30580.62

续　表

主体功能区类型	国民生产总值（亿元）	实际常住人口（万人）	应净迁移人口（万人）	均衡状态常住人口（万人）
重点生态功能区	37576.41	20391.74	-6582.76	13808.98
总 计	310094.2	113956.7	0	113956.7

数据来源：根据表 2-1 数据整理得出

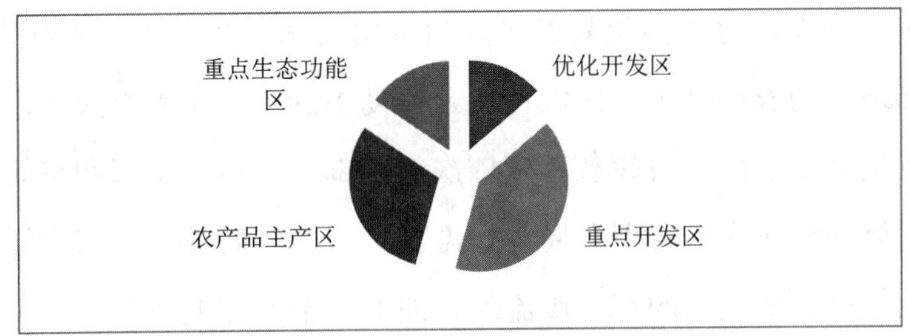

图 2-4　实际主体功能区常住人口分布状况

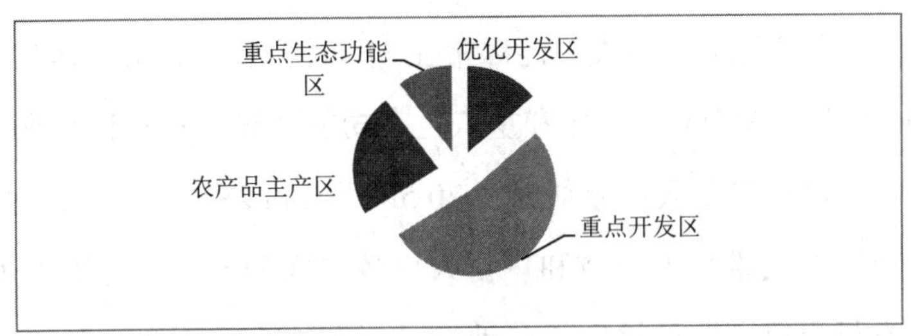

图 2-5　均衡状态主体功能区常住人口分布状况

三、关于主体功能区人口分布的结论

从总体上来看，全国主体功能区常住人口实际分布状态为：优化开发区 18219.68 万人，重点开发区 53600.3 万人，农产品主产区 39964.62 万人，重点生态功能区 20391.74 万人。全国主体功能区常住人口均衡分布状态是：优化开发区 18219.68 万人，重点开发区 69567.11 万人，农产品主产区 30580.62 万人，重点生态功能区 13808.98 万人。为实现全国主体功能区常住人口均衡分布状态，理想人口迁移模式是：优化开发区常住人口总量保持相对稳定❶，重点开发区人口迁入量为 15966.81 万人，农产品主产区和重点生态功能区人口迁出量分别为 9384 万人和 6582.76 万人。然而，现实情况表明，全国主体功能区人口流动与主体功能区人口均衡状态的要求相背离，农产品主产区和重点生态功能区人口主要流向优化开发区，而非重点开发区，且重点生态功能区的人口迁移黏性较强。

从空间结构上看，“四大板块”之间相同类型主体功能区人口分布也是失衡的，东部重点开发区进一步集聚经济人口的潜力大于中部、西部和东北地区，中部和西部地区的农产品主产区农村剩余劳动力的转移压力要大于东北、东部地区，重点生态功能区人口超载程度依次为西部、中部、东部和东北地区。因此，促进主体功能区人口合理布局，既需要人口在不同类型相邻主体功能区之间就近流动，也需要人口的跨区域流动，即引导中西部地区农产品主产区和重点生态功能区部分农村剩余劳动力和生态超载人口向东部重点开发区流动。

从主体功能区户籍人口与常住人口的差异来看，优化开发区和重点开发区属于城镇化和工业化地区，两类功能区常住人口比户籍人口分别多出 5323.33 万人和 2522.04 万人；农产品主产区和重点生态功能区属于农村和农业化地区，两类功能区常住人口比户籍人口分别少 6170.58 万人和 2830.83 万人。显然，不同类型主体功能区之间常住人口数和户籍人口数之间的差异，是因为进城务工人员往往保留农村户籍、宅基地和承包地，是一种“离乡不离土”的农村劳动力转移模式。因此，我国城镇化质量较低，必须改革现行僵化的农村土地制度和城乡分割的“二元”户籍制度。

---

❶ 一些国家级优化开发区人口严重超载，同时一些省级优化开发区尚具有集聚一定人口的容量，优化开发区人口总量上大体稳定。

第三章　主体功能区人地关系矛盾

从空间总量上看，我国国土面积虽有 960 万平方千米，但是可利用土地少、耕地少、人多地少矛盾比较突出。从空间结构上看，长期以来，因为缺少科学的国土空间规划及其宏观引导，造成人口分布与环境资源承载力、经济承载力严重失衡，造成结构性人地关系矛盾。主体功能区规划是战略性、基础性、约束性的国土空间开发规划，是衔接和协调各类涉及空间开发规划的基本依据。从根本上来看，推进主体功能区发展战略就是要协调和解决空间结构上的人地关系矛盾。

一、主体功能区人地关系矛盾的表现

根据《全国主体功能区规划》，以各区域未来开发程度或开发方式进行划分，全部国土空间划分为优化开发区、重点开发区、限制开发区（限制开发区包括农产品主产区和重点生态功能区）和禁止开发区（禁止开发区点状分布在优化开发区、重点开发区和限制开发区之中）四种类型。同时，以各区域提供主体产品的类型或开发内容为基准划分，全部国土空间又可以划分为城市化地区、农产品主产区和重点生态功能区三种类型，其中城市化地区包括优化开发区和重点开发区，主体功能是提供工业产品和服务产品；农产品主产区的主体功能是提供农产品；重点生态功能区的主体功能是提供生态产品。但是，如果按照现实中的城乡空间来划分，则优化开发区和重点开发区属于城镇化地区，限制开发区属于乡村化地区。为便于研究数据的获取，本书分别从城镇化地区和乡村化地区对主体功能区人地关系矛盾进行分析。

（一）城镇化地区的人地关系矛盾的表现

1.城镇化地区人口分布

我国的城镇化地区包括优化开发区和重点开发区。据统计，全国城镇化地区的国土面积为 1441839 平方千米，常住人口为 71819.98 万人、户籍人口为

63974.61 万人，平均常住人口每平方千米 498 人，平均户籍人口每平方千米 444 人。其中，优化开发区国土面积 134796.2 平方千米，常住人口 18219.68 万人、户籍人口 12896.35 万人，平均常住人口每平方千米 1352 人，平均户籍人口每平方千米 957 人；重点开发区国土面积 1307043 平方千米，常住人口 53600.3 万人、户籍人口 51078.26 万人，平均常住人口每平方千米 410 人，平均户籍人口每平方千米 391 人（参见表 3–1）。

表 3–1 全国城镇化地区人口分布情况

主体功能区类型	国土面积（平方千米）	常住人口		户籍人口	
		万人	人 / 平方千米	万人	人 / 平方千米
优化开发区	134796.2	18219.68	1352	12896.35	957
重点开发区	1307043	53600.3	410	51078.26	391
合 计	1441839	71819.98	498	63974.61	444

数据来源：《全国及各地主体功能区规划》，全国第六次全国人口普查数据，各省、市、自治区 2011 年统计年鉴。

2. 城镇化地区人地关系矛盾的表现形式

（1）城镇化地区人地关系矛盾主要表现为城市人口不断增加与城镇建设用地供给相对不足的矛盾。2012 年到 2015 年，城镇村及工矿用地面积由 3019.92 万公顷增加到 3142.98 万公顷，累计增加 123.06 万公顷，年均增加 30.8 万公顷，即全国城镇村及工矿用地面积年均增加 462 万亩（1 亩 =0.066667 公顷）(见表 3–2)。虽然我国城镇化建设用地总量在不断增加，但是城镇化建设用地需求增长的速度远高于城镇化及城镇化建设用地供给的速度。因为城市人口不断增加，不仅需要城市居住用地的增加，还需要工业用地、商服用地以及基础设施建设用地的配套增加。比如，我国非农产业长期保持较高增速也会导致城市建设用地高速增长，家庭汽车拥有量不断增加也会导致城市交通建设用地需求加速增长。近些年来，城市房地产价格一路攀升，其根本原因还是在于城镇化建设用地长期供给不足。

表 3-2　2012—2015 年全国城镇村及工矿用地面积变化情况

年 份	2012	2013	2014	2015
城镇村及工矿用地（万公顷）	3019.92	3060.73	3105.66	3142.98

数据来源：2013—2016 年国土资源公报

（2）城镇化建设与坚守 18 亿亩耕地红线的矛盾。我国重要城市的周边一般都是良田，城镇建设用地的增加就必然要占用周边耕地或基本农田。而且，我国是耕地资源极为紧缺的国家，人均占有耕地面积不足 1.45 亩，不到世界平均的 40%。近些年来，为了防止耕地面积大幅度减少，保证耕地面积减少不突破 18 亿亩红线，我国主要通过加大国土整治力度，积极推进农业结构调整等方式增加耕地面积。然而，这些措施并不能从整体上有效遏制耕地面积逐年递减趋势。例如，2009—2015 年间，以年均 100 万亩的数量在减少，全国耕地面积由 20.31 亿亩减少到 20.25 亿亩 (见表 3-3)。但是，如果扣除其中难以稳定利用的耕地和根据国家政策需要逐步调整退耕的耕地，全国适宜稳定利用的耕地保有量仅为 18.65 亿亩[1]，已逼近 18 亿亩耕地红线。

表 3-3　2009—2015 年全国耕地面积变化情况

年 份	2009	2010	2011	2012	2013	2014	2015
耕地（亿亩）	20.31	20.09	20.29	20.27	20.27	20.26	20.25

资料来源：2010—2016 年国土资源公报

（3）城镇化区域扩围与耕地资源等级结构恶化的矛盾。从耕地等级结构上

[1] 资料来源：《国土资源“十三五”规划纲要》，国土资源部 2016 年 4 月编制。

来看，我国耕地质量总体偏低。根据国土资源部提供的数据，2015 年，全国优等耕地和高等耕地面积合计仅占全部耕地总面积的 29.4%，而中等耕地和低等耕地面积合计占全国耕地总面积的 70.5%(见表 3–4)。尤其需要注意的是，我国优质土地主要集中分布在东部地区的平原地带，这里又是全国城镇化水平最高的地区，城市规模扩张较快，是优质耕地最容易遭到挤占的地区。首先，从城市的形成来看，城市主要分布在气候、水土资源、水陆交通条件优越，农产品产量丰富、人口比较密集的平原地带或丘陵地带，在传统的农业社会，农业不仅是经济的基础，更是政府收入的直接来源，农产品产量丰富地区也是人口密集地区。城镇化地区主体功能定位是提供工业品和服务产品，但是并不表示可以忽视提供农产品或生态产品的功能，因此，各个城镇化地区都应该严格划定城市开发边界红线、耕地保护红线和生态保护红线。其次，根据《全国主体功能区规划》的情况来看，我国的城镇化地区（包括优化开发区和重点开发区）主要分布在农产品主产区之中，从各个省级主体功能区规划来看，是以县级行政区划为主体功能区基本单元，各个农产品主产区与重点开发区和优化开发区交错分布。此外，有些县（市）虽然被规划为农产品主产区或重点生态功能区，但是县城或一些城镇化基础较好的建制镇也被规划为重点开发镇，也属于城镇化地区的重点开发区。或者说，我国城镇化地区周边大都是耕地，有的还是基本农田，因此城镇建设用地的增加，必然带来耕地面积的减少。另外，在我国城镇化推进过程中，农村人口不断向城市流入，必然面临着城市的不断扩张和增容，城镇建设用地供给就必须不断增加。当然，导致耕地面积减少的原因是多方面的，例如生态退耕、地质灾毁、农业结构调整等原因都会导致耕地减少，但是主要原因还是城镇建设用地增加。

表 3-4　2015 年全国耕地等级评定情况

耕地评定等级	耕地评定面积（万亩）	占全国百分比（%）
优等	5960.63	2.9
高等	53768.98	26.5
中等	107077.81	52.8
低等	35838.72	17.7

资料来源：2016 年国土资源公报

（二）乡村化地区的人地关系矛盾的表现

1. 乡村化地区人口分布

乡村地区也就是限制开发区，包括农产品主产区和重点生态功能区。据统计，全国乡村化地区国土面积 8142284 平方千米，常住人口 60356.36 万人、户籍人口 69357.77 万人，平均常住人口每平方千米 74 人，平均户籍人口每平方千米 85 人。其中，农产品主产区面积 2456705 平方千米，常住人口 39964.62 万人、户籍人口 46135.2 万人，平均常住人口每平方千米 163 人，平均户籍人口每平方千米 188 人；重点生态功能区面积 5685579 平方千米，常住人口 20391.74 万人、户籍人口 23222.57 万人，平均常住人口每平方千米 36 人，平均户籍人口每平方千米 41 人（见表 3-5）。

表 3-5　全国乡村地区人口分布情况

主体功能区类型	国土面积（平方千米）	常住人口		户籍人口	
		万人	人 / 平方千米	万人	人 / 平方千米
农产品主产区	2456705	39964.62	163	46135.2	188
重点生态功能区	5685579	20391.74	36	23222.57	41

续　表

主体功能区类型	国土面积（平方千米）	常住人口		户籍人口	
		万人	人/平方千米	万人	人/平方千米
合计	8142284	60356.36	74	69357.77	85

数据来源：《全国及各地主体功能区规划》，全国第六次全国人口普查数据，各省市自治区2011年统计年鉴

2. 乡村化地区人地关系矛盾的表现形式

（1）人均耕地面积少与农民日益增长的生活支出需要之间的矛盾。改革开放前，耕地主要满足吃饱饭，维持温饱问题，耕地对人口的承载能力较强。随着全社会向小康社会的迈进，农村居民支出结构发生了重要变化，食品支出在全部支出中的比重不断下降，交通通信、教育文化和娱乐以及医疗保健等消费支出比重上升很快，农村居民家庭恩格尔系数由1997年的55.1%，降低为2012年的39.3%❶（见表3-6）。因此，随着家庭支出的增加，必然导致有限的耕地对人口的承载能力不断下降，或者说农业收入已经无法满足农民支出的需要，外出务工成为很多家庭的不二选择，农民家庭可支配收入来自农业收入的比重不断降低，农村居民家庭人均纯收入中的工资性纯收入的比重不断上升，1997年农村居民家庭人均纯收入中工资性纯收入所占比重仅为24.6%，到2012年这一比重上升为43.5%（见表3-7）。

表3-6　1997—2012年农村居民家庭恩格尔系数

年　份	1997	1998	1999	2000	2001	2002	2003	2004
恩格尔系数	55.1	53.4	52.6	49.1	47.7	46.2	45.6	47.2

❶ 国家统计局新闻发言人就2018年1—2月份国民经济运行情况答记者问，国家统计局网站http：//www.stats.gov.cn/tjsj/sjjd/201803/t20180314_1588048.html。

续 表

年 份	2005	2006	2007	2008	2009	2010	2011	2012
恩格尔系数	45.5	43	43.1	43.7	41	41.1	40.4	39.3

资料来源：2016 年统计年鉴（注：2013 年以后农村居民家庭恩格尔系数未统计）

表 3-7 1997—2012 年农村居民家庭人均纯收入构成

单位：元

年 份	1997	1998	1999	2000	2001	2002	2003	2004
人均纯收入	2090.1	2162	2210.3	2253.4	2366.4	2475.6	2622.2	2936.4
工资性纯收入	514.6	573.6	630.3	702.3	771.9	840.2	918.4	998.5
工资性纯收入比重	24.6%	26.5%	28.5%	31.2%	32.6%	33.9%	35%	34%
年 份	2005	2006	2007	2008	2009	2010	2011	2012
人均纯收入	3254.9	3587	4140.4	4760.6	5153.2	5919	6977.3	7916.6
工资性纯收入	1174.5	1374.8	1596.2	1853.7	2061.3	2431.1	2963.4	3447.5
工资性纯收入比重	36.1%	38.3%	38.6%	38.9%	40%	41.1%	42.5%	43.5%

资料来源：2016 年统计年鉴（注：2013 年以后农村居民家庭人均纯收入构成未统计）

（2）农业机械化水平不断提高与土地对劳动力的需求不断减少的矛盾。1997 年到 2015 年，全国农业机械总动力由 42015.6 万千瓦增加到 111728.1 万千瓦，增长 265.92%（见表 3-8）。随着科学技术的不断进步，农业机械逐步替代农村劳动力，进一步加剧人地关系矛盾。总而言之，随着社会经济的发展，我国以提供粮食为主要功能的农产品主产区，人多地少的矛盾更加突出，必须要将大量剩余劳动力转移到城镇化地区。

表 3-8 1997—2015 年全国农业机械总动力（单位：万千瓦）

年份	1997	1998	1999	2000	2001	2002	2003	2004	2005	2006
总动力	42015.6	45207.7	48996.12	52573.61	55172.1	57929.85	60386.54	64027.91	68397.85	72522.12

续 表

年份	2007	2008	2009	2010	2011	2012	2013	2014	2015	
总动力	76589.56	82190.4	87496.10	92780.48	97734.66	102558.96	103906.75	108056.60	111728.10	

资料来源：2016 年统计年鉴

（3）过度的农业生产活动与脆弱的自然生态条件之间的矛盾。除了建设用地占用耕地以外，因为人类过度开垦、过度放牧等原因，导致生态环境恶化、耕地质量下降。据统计，遭受水土流失和荒漠化土地分别占全国陆地面积的 31% 和 30%，耕地退化面积超过全国耕地总量的 40%，每年因自然灾害和生产建设活动损毁土地约 400 万亩❶。特别是重点生态功能区主要分布在一些生态环境比较脆弱的高山、高原和荒漠地带，由于荒漠化、石漠化、沙漠化以及水土流失等原因也会造成耕地资源减少。根据刘燕华等计算结果，西部各个省、自治区人口全部严重超载，其中宁夏实际人口密度为模型计算人口密度的 57.4 倍❷。一般认为年降水量在 200mm 以下为干旱区、200mm ~ 450mm 之间为半干旱区，我国西北、华北以及青藏高原的绝大部分地区都属于干旱与半干旱地区，约占全国面积的一半。其中，东自二连浩特，途径海流图、中宁、酒泉、敦煌、和田，西至喀什一线以北地区以及青藏高原的西北部以及柴达木盆地均属干旱地区❸。陈怀录认为生态环境问题的根源是人口超载对脆弱的生态系统造成的压力，干旱地区每平方千米人口承载量不超过 7 人、半干旱地区每平方千米人口承载量不超过 20 人。❹然而，我国西部地区重点生态功能区平均每平方千米常

❶ 资料来源：《全国土地整治规划》（2016—2020 年），国土资源部、国家发展和改革委员会 2017 年 1 月编制。

❷ 吴玉萍 . 超采缘于人口超载？——减轻生态压力是缓解干旱地区缺水的有效途径 [N]. 中国环境报，2012-03-01.

❸ 王谦 . 中国干旱半干旱地区的分布及其主要气候特征 [J]. 干旱地区农业研究，1983(1)：11-24.

❹ 刘燕华，王强 . 中国适宜人口分布研究——从人口的相对分布看各省区可持续性 [J]. 中国人口资源与环境，2001(1)：34-37.

住人口18人，平均每平方千米户籍人口20人。由于人口超载，西部地区水土流失面积为104.7万平方千米，占全国水土流失总面积的80%以上，天然草场退化面积占该地区草场面积的70.7%。❶国家林业局的监测结果显示，截至2014年，全国荒漠化土地面积261.16万平方千米，占国土面积的27.2%；沙化土地面积172.12万平方千米，占国土面积的17.93%。❷而我国荒漠化和沙化土地主要集中在中、西部的重点生态功能区。同时，重点生态功能区承担全国或区域性的生态屏障功能，主要包括以下几类：一是重要的林地、草地、湿地保护地区；二是重要的荒漠化、石漠化、沙漠化防治地区以及水土保持地区；三是重要的水源补给、水源涵养地区；四是生物多样性保护地区。只有限制各类开发活动，减少生态超载人口，才能防止过度的人类活动超出当地生态承载能力的上限。所以，在重点生态功能区因为退耕还林、退田还湖、退牧还草等原因，会进一步加剧乡村化地区人地关系矛盾。

（4）民族区域人口集聚区与集中连片贫困区重叠分布的矛盾。我国集中连片贫困地区也主要分布在重点生态功能区，很多少数民族人口集中居住在生存条件恶劣、生态环境脆弱、自然灾害频发的重点生态功能区，这里往往是“一方水土养活不了一方人”。尤其需要注意的是，限制开发区集聚少数民族人口数量多，扶贫难度较大。截至2014年底，全国还有2948.5万个贫困户、7017万贫困人口。根据2012年6月14日国务院扶贫办《关于公布全国连片特困地区分县名单的说明》，国家确定了六盘山区、秦巴山区、武陵山区、乌蒙山区、滇桂黔石漠化区、滇西边境山区、大兴安岭南麓山区、燕山－太行山区、吕梁山区、大别山区、罗霄山区等11个集中连片特殊困难地区，加上已明确实施特殊扶持政策的西藏、四省藏区、新疆南疆三地州，共14个连片特困地区，680个

❶ 范红忠．中国多中心都市区的形成与地区经济差距[M].北京：社会科学文献出版社，2008：89-92.

❷ 国家林业局：中国荒漠化和沙化简况——第五次全国荒漠化和沙漠化检测，国家林业局网站：http：//www.forestry.gov.cn/portal/main/style1/images/logo-zfs.png。

县。[1]从 14 个连片特困地区空间布局上看，除了 2 个（大别山区和罗霄山区）在“胡焕庸线”[2]以东外，其余 12 个都集中分布在“胡焕庸线”附近或以西地区，属于少数民族人口集聚地区，这些地区生态环境脆弱，却又是全国性的生态屏障，在全国和各地的主体功能区规划中，这些地区全部属于限制开发区，有些甚至属于禁止开发区，土地开发受到限制，经济发展必然受到进一步制约，这必然会影响到民族团结和社会和谐。另外，重点生态功能区人口迁移“区域黏性”大，由于文化习俗、语言、社会历史原因导致民族区域剩余劳动力转移就业困难，很多贫困人口宁愿守着贫困的家乡，也不愿意搬到生活条件较好的地区，有些人甚至搬迁以后又返回原地居住。当然，贫困人口搬迁后生活成本的上升以及与当地人收入差距过大，导致经济上和精神上双重压力加大，也是重要原因。此外，一些重点生态功能区地处深山区，交通与信息闭塞，由于缺乏就业技能和就业信息，来往交通费用高、途中占用时间长，走出深山、融入城市的机会相对较小。

二、主体功能区人地关系矛盾的成因

我国农村土地产权制度改革滞后、人口无序迁移、户籍地与居住地分离以及农村退地补偿制度不健全等都是主体功能区人地关系矛盾形成的原因。

（一）现行农村“一元”土地产权制度，诱发了“户籍人口迁移悖论”

现行农村“一元”土地产权制度不利于调动限制开发区人口迁出的积极性。

---

[1] 国务院扶贫开发领导小组办公室：《关于公布全国连片特困地区分县名单的说明》。国务院扶贫办网站：http://www.cpad.gov.cn/art/2012/6/14/art_50_23717.html。

[2] 是指我国地理学家胡焕庸 1935 年提出的“瑷珲－腾冲一线”。起点从黑龙江省黑河，经河北省张家口、陕西省榆林、甘肃省兰州、西藏自治区昌都、四川省雅安、盐源，到云南省腾冲为终点，由东北到西南大致为一条倾斜 45° 角的直线，与近代发现的 400mm 等降水量线与胡焕庸线基本重合，是我国半湿润区和半干旱区的分界线，线的两侧呈现出迥然不同的自然和人文地域。

首先，现行农村“一元”土地产权制度使人均占有土地面积与集体成员人数成反比。《宪法》第十条规定：“农村和城市郊区的土地，除由法律规定属于国家所有的以外，属于集体所有；宅基地和自留地、自留山，也属于集体所有。”也就是说，除了法律特殊规定外，农地产权属性是单一的集体所有制，亦即现行农村“一元”土地产权制度。《土地法》第十条规定：“农民集体所有的土地依法属于村农民集体所有的，由村集体经济组织或者村民委员会经营、管理；已经分别属于村内两个以上农村集体经济组织的农民集体所有的，由村内各该农村集体经济组织或者村民小组经营、管理；已经属于乡（镇）农民集体所有的，由乡（镇）农村集体经济组织经营、管理。”也就是说，按照集体成员范围大小，农村土地的所有者主体包括乡（镇）农民集体、村农民集体、农村集体经济组织的农民集体三级，与其对应的三级经营管理主体是乡（镇）农村集体经济组织、村集体经济组织或村民委员会、农村集体经济组织或村民小组。根据各地对农村集体经济组织成员的认定办法，一般户口从本集体经济组织迁出的成员，就认定其成员资格已经丧失，就需及时注销成员名单。为了维护农村集体既得土地利益，在农村的行政区划调整中，即使公社或乡镇、大队或村委会等行政区域范围经常变化，但是生产队或村民小组的自然地域空间一般不会调整。但是，由于婚丧嫁娶、生育、迁移等因素，各个农村集体经济组织成员人口增减情况不一，在农地面积固定的情况下，各个集体经济组织（主要是村民小组）人均占有农地面积就会发生变化。因此，现行的农地集体产权与户籍挂钩，客观上导致农户人均占有耕地面积差异较大。也就是说各个集体组织的土地总量是相对固定的，每个承包期开始时的集体组织成员人数与每个成员得到的承包地面积成反比。

其次，现行农村“一元”土地产权制度容易引发“户籍人口迁移悖论”。农村“户籍人口迁移悖论”是指在现行农村土地归集体“一元”所有的条件下，“转户”农民将土地退还给农村集体组织，随着农村户籍人口向城镇迁移，农村集体组织成员逐步减少，而集体组织的土地总量不变，目前第二轮承包期快要到期，尚未“转户退地”农户就会预期自己在第三轮承包期内占有的土地份额会增加，从而导致进城农民“转户退地”意愿越来越低，以致一些事实上已经“市民化”了的进城农民也不愿“转户退地”。“户籍人口迁移悖论”的存在，不仅导致户籍城镇化率降低，更主要的是导致大量宅基地和承包地的闲置。虽然2014年7月30日公布的《国务院关于进一步推进户籍制度改革的意见》强调现阶段不得以退出土地承包经营权、宅基地使用权、集体收益分配权等“三权”作为农民进城落户的条件。应当说，现阶段对“转户农民”“三权”的维护，实际上是对农地产权制度改革滞后的临时性应对措施。但是，目前各地离第二轮土地承包期结束仅剩8年左右，在第三轮承包办法没出台的情况下，农户预期保留农村户籍就可以在第三轮承包期内继续享有“三权”，如果失去农村户籍，可能意味着在第三轮承包期内不能继续享有“三权”，而且农地等集体资产是相对稳定的，随着其他农户或村民户籍移出，农村集体组织成员减少，未来享受“三权”份额还会增加。另外，目前正在全面推行流动人口居住证制度，居住证的福利功能在逐步增加，除了北上广等一线城市外，一般中小城市户籍对农民已经没有吸引力。也就是说，在现行农地集体产权是与户籍挂钩的产权制度条件下，随着乡村人口不断向城市迁移，农村集体成员数量减少，农户迁移意愿会越来越低。因此，导致我国户籍人口城镇化率低的原因，不仅在于大城市户籍门槛高，“转户退地”补偿机制不健全，更因为农民的户籍迁移意愿低。

最后，“户籍人口迁移悖论”制约农地规模化经营水平。根据《土地管理法》第六十三条规定：“农民集体所有的土地的使用权不得出让、转让或者出租用于非农业建设。”每个农户只能申请一处宅基地，且宅基地使用权不能向本村以外转让。随着农村人口不断向城市流动，农村宅基地闲置现象愈加严重。例如“十二五”末期，安徽全省农村户籍人口为5031.15万人，农村常住人口仅为3041.08万人❶，全省农村居民点用地为1504万亩，人均约190m²，如果按照新

❶ 中安在线：http://ah.anhuinews.com/system/2016/03/24/007275568.shtml。

农村建设人均上限标准 120m^2 测算，存在闲置宅基地 600 多万亩。❶我国人多地少矛盾较为突出，人均耕地面积仅为世界平均水平的 40%，迫切需要进行土地制度创新，盘活农村闲置土地资源，提高土地资源使用效率。促进农村人口移出和农地规模化经营是解决“三农”问题的关键。我国农村人口多，农业劳动者人均占有耕地面积少，是农民收入低和城乡差距大的主要原因。例如，2007 年我国人均耕地面积（0.09 公顷）比韩国和日本（0.03 公顷）多，但是，农业劳动者人均占有的耕地面积（0.4 公顷）却比日本（2.5 公顷）和韩国（1.1 公顷）少，甚至比印度（0.6 公顷）还少。而同期发达国家平均农业劳动力人均耕地面积达到 42.5 公顷，中高收入国家平均是 5.8 公顷。❷但是，在现行农地产权制度条件下农地流转，并不能实现农地规模化经营。首先，家庭承包经营使农村耕地碎片化，不利于土地集中连片规模化经营。其次，《农村土地承包经营权证管理办法》规定土地流转期限不得超过承包期的剩余期限，很多地方距本轮承包期结束不到 8 年，不利于农地长期投资，不利于吸引拥有资金和管理实力企业投资，农村土地承包经营权流转主要在农户之间，很少是专门从事农业生产经营的组织，流转手续比较随意，导致流转纠纷多，流转规模受限。显然，我国进城农民“转户退地”意愿低，造成了宅基地闲置和耕地碎片化，只有改革现有农地集体产权制度，才能消除“户籍人口迁移悖论”，提高农地规模化经营水平。

在改革初期，市场经济不发达，土地是农民养家糊口的主要或唯一经济来源，家庭联产承包经营责任制充分调动了农民的农业生产积极性。但是，我国农村土地承包经营权被分割、固化在每个集体成员身上，导致土地“碎片化”现象严重。目前，农村劳动力大量流入城市，农村土地与其承包人相分离，农地流转制度不规范抑制了土地规模化经营，不利于对土地的长期投资。在新的

❶ 安徽省国土资源厅网站：http://www.ahgtt.gov.cn/news/show.jsp?row_id=2009090000004666。

❷ 郭熙保，白松涛．农业规模化经营：实现“四化”同步的根本出路 [N]．光明日报，2013 年 02 月 08 日，第 11 版．

历史条件下，亟待进一步改革我国农地产权制度，提高农村土地使用效率。

（二）区域间发展不平衡，导致主体功能区人口无序迁移

改革开放以来，我国实行的是非均衡区域发展战略，对一些经济特区和沿海开放城市给予很多优惠政策，鼓励东部沿海地区率先发展，客观上导致东、西部地区之间发展差距加大。例如，2015 年东部最发达地区比西部最贫困地区人均 GDP 高出 8 万元以上。2015 年东部最发达地区城镇居民人均可支配收入比西部最贫困地区高出 2.9 万元以上，东部最发达地区城镇居民人均可支配收入是西部最贫困地区 2 倍多[1]。东、西部地区之间收入差距的加大，又引发人口向工资等收入较高的东部发达地区流动。据统计，2000—2016 年，环渤海、长三角、珠三角地区常住人口由 24631 万人增加到 30743 万人，累计增加 6112 万人，年均增长 382 万人。其中，北京市常住人口由 1364 万人上升至 2173 万人，上海市则由 1609 万人上升至 2420 万人，广东省常住人口由 8650 万人上升至 10999 万人。目前，北京、上海常住人口都是 2000 万人以上，天津、苏州、广州、深圳都在 1000 万人以上（见表 3-9）。人口向东部沿海地区的过度集聚，严重超过了当地环境资源承载力，导致一些一线大城市土地和住房价格快速上涨、环境污染、交通阻塞等“大城市病”问题。同时，一些位于中西部地区的重点开发区，虽然环境资源承载力较强，但是经济基础相对薄弱，产业发展落后，工资收入低下，提供就业能力有限，中西部地区重点开发区的三、四线城市人口慢增长、零增长、负增长情况较为普遍。由于人口过度向优化开发区中心城市集聚，再加上优化开发区大城市一般都是集政治、经济、文化、教育、科研、医疗等中心于一体，优质公共资源的高度集中，导致中心城市人口急剧膨胀。根据住建部《中国城市统计年鉴》数据，2006—2014 年，1000 万人以上、500 ~ 1000 万人的城市城区常住人口增量占县级以上城市城区人口比例远大于

---

[1] 邬琼．我国贫富差距的现状及原因分析，国家信息中心网站．http: //www.sic.gov.cn/News/455/8377.htm##s2。

其居住用地增量比例；而500万人以下的城市城区常住人口增量比例明显小于其居住用地增量比例，特别是20万人以下城市城区人口增长为负，但居住用地仍然增长了17.4%。[1]这也是导致当前一、二线城市房价上涨压力过大，三、四线城市房地产却存在去库存压力的根本原因。

表3-9 2000—2016年沿海发达地区主要省市常住人口变化情况

（单位：万人）

年度	北京	天津	上海	江苏	浙江	广东
2000年	1364	1001	1609	7327	4680	8650
2016年	2173	1562	2420	7999	5590	10999
2000—2016年增加数	809	561	811	672	910	2349

资料来源：2017年国家统计年鉴

根据第二章阐述的"全国主体功能区人口分布状况"，我国优化开发区人口高达18219.68万人，理想人口迁移模式是：优化开发区常住人口总量保持相对稳定，限制开发区人口应重点向优化开发区迁移，其中农产品主产区和重点生态功能区人口迁出量分别为9384万人和6582.76万人。然而，杨金花根据2000年人口普查数据的测算，全国主体功能区人口流动与主体功能区人口均衡状态的要求相背离，具体表现为：一是优化开发区环境资源承载力开始递减，但是优化开发区却是人口净迁入地区；二是重点开发区环境资源承载力较强，但是重点开发区却是人口净迁出地区；三是限制开发区和禁止开发区存在大量农村剩余劳动力和生态超载人口，但是限制开发区和禁止开发区人口流出却相对较慢（见表3-10）。

[1] 任泽平．人地分离供需错配 致一线高房价三四线高库存．新浪财经 http：//finance.sina.com.cn/review/jcgc/2017-01-17/doc-ifxzqhka3234057.shtml。

表 3-10　主体功能区人口流动情况表

重点开发区域 人口净迁出（-1664 万人）	优化开发区域 人口净迁入（+1727 万人）
限制、禁止开发区域　人口净迁出（-163 万）	

转引自：牛雄．功能区构建的人口政策研究[J]．改革与战略，2009（4）：42-47

（三）进城农民户籍地与居住地分离，导致农村建设用地闲置与城镇化建设用地不足的矛盾并存

由于收入差距的存在，限制开发区大量劳动力选择到重点开发区和优化开发区的城镇化地区就业，但是进城务工人员“转户退地”的意愿较低，导致限制开发区户籍人口远高于常住人口。我国常住人口城镇化率从 1978 年的 18% 上升到2014年的54.77%，但是户籍人口城镇化率只有30%多❶。人口的户籍地与居住地分离，造成农村宅基地大量闲置。同时，城镇建设用地供给不足，导致城市房价过高，进一步降低了城镇化的质量。根据国土资源部提供的数据，我国城镇用地合计 91612 平方千米，村庄用地为 191158 平方千米，农村集体建设用地是城镇国有建设用地的 2 倍以上，其中 70% 以上是宅基地，而全国总人口中 56.1% 的常住人口在城镇，只有 43.9% 的常住人口在农村❷。这也是造成当前城市房价上涨过快，而农村宅基地大量闲置的主要原因。显然，只有进一步提高环境资源承载力较强的重点开发区中小城市的人口集聚能力，提高户籍人口城镇化率，才能鼓励农民退出宅基地，并复垦为耕地，优化城乡建设用地。

❶ 冯蕾．户籍人口城镇化率[N]．光明日报，2015 年 11 月 03 日，第 4 版．

❷ 张雯．全国人大代表蔡继明：建议允许城市居民到农村“买房或租地建房”[N]．每日经济新闻，2017.3.7，第 6 版．

（四）缺乏有效的宅基地退出补偿机制，增加了限制开发区人口迁移的成本

由于缺乏有效的宅基地退出补偿机制，导致进城农民“转户退地”的机会成本过高，不利于调动限制开区人口移出的积极性。本书以皖江城市带为例，解释现行宅基地退出财政补偿存在的问题。为了解决城镇化建设用地指标不足的矛盾，2013 年《安徽省人民政府关于深化农村综合改革示范试点工作的指导意见》（皖政〔2013〕69 号）提出探索建立符合农民合理需求的宅基地退出补偿激励机制，实施土地整治、城乡建设用地增减挂钩腾出的建设用地指标，可按有关规定有偿调剂使用。各地也都想利用城乡建设用地增减挂钩结余指标，通过城乡土地置换等方式，增加城镇建设用地供给，但是因宅基地退出补偿问题，农民退出宅基地积极性不高。目前，皖江城市带宅基地退出补偿主要存在补偿标准低、标准不统一和缺乏动态调整机制等问题。具体情况如下。

一是补偿标准偏低。以宁国为例，该市位于皖江城市带东南部，属于宣城市管辖的一个县级市，紧邻浙江，县域经济较为发达，外出务工人员多，目前有闲置宅基地 2200 余亩。根据该市 2013 年推出的《宁国市农村宅基地退出办法（试行）》规定，法定面积范围内的宅基地退出每亩补助 4 万元 ~ 6 万元，超出部分每亩补助 2 万元 ~ 3 万元。但是，相对于日趋攀升的城市房价，每亩最高补偿 6 万元，在城里买不到 $10m^2$ 的房子，因为补偿标准过低，农民退出宅基地意愿低，《宁国市农村宅基地退出办法（试行）》至今尚未能有效付诸实施，实际处于搁浅状态。

二是补偿标准不统一。由于缺乏国家层面补偿政策和依据，各地制定的宅基地退出补偿标准悬殊。例如，宣州区与宁国市交界，根据宣州区政府 2009 年印发的《宣州区新农村土地整治项目房屋及附属物拆迁补偿和安置暂行办法》的规定，宅基地置换成本原则上应控制在 3.5 万元每亩，验收完成后按 5000 元

/ 亩予以奖励。也就是说到农户手中，每亩补偿标准要远低于 4 万元每亩。繁昌县位于皖江城市带中心位置，隶属于芜湖市，根据 2010 年该县《关于新港镇土地整治整村推进工作实施方案的批复》，对于退地农民的房屋及其他附着物按照当地现行集体土地拆迁补偿标准执行，再对每人一次性补助 3000 元，除此以外没有任何优惠政策及相关待遇。不仅皖江城市带区域内各县（市、区）之间宅基地退出补偿标准差异较大，与省外相比差距更大。例如，2010 年陕西省《关于举家进城落户农村居民退出宅基地、承包地实施办法》规定退地补偿最多为每亩 22 万元 ~ 25 万元，其他地区为 14 万元 ~ 16 万元；重庆市 2010 年《关于规范地票价款使用促进农村集体建设用地复垦的指导意见（试行）》规定每亩退出宅基地补偿不低于 9.6 万元；而 2013 年《南京市农村宅基地有偿退出与利用暂行办法》规定宅基地退出补偿标准是参照当地同期集体土地房屋拆迁补偿安置标准执行。显然，补偿标准不统一、差距过大，会降低补偿标准较低地区农民退出意愿。

三是补偿标准缺乏动态调整机制。仍以宁国市为例，该市 2013 年制定退出宅基地每亩最高补偿 6 万元，当时省会合肥房价是均价 4500 元 /m^2 左右，目前合肥市房价是均价 20000 元 /m^2 左右，但是当地宅基地退出补偿标准依然没有相应调整。目前，很多农户在城市已经有稳定的收入和固定的住所，宅基地已经不是其“安身立命之所”，但是进城农户宁愿让宅基地闲置，也不愿意按照现在的补偿标准退出，而是期望将来政府会出台新的补偿政策，取得更高的收入补偿。显然，缺乏有效的宅基地退出补偿的动态调整机制，也是制约农村宅基地退出的重要因素之一。

由于宅基地退出补偿政策是由地方政府制定，或者说宅基地退出补偿标准决定于行政机制而非市场机制，最终导致农村集体经济组织和地方政府直接或间接参与了宅基地开发权交易收益的分配，造成退出补偿标准过低或其他侵害农民利益的问题出现。一方面，地方政策直接规定集体经济组织参与宅基地开发权交易收益的分配。另一方面，宅基地退出补偿标准由地方政府制定，而腾出的建设用地指标又由地方政府支配使用，宅基地补偿标准低的本质就是地方政府变相参与了宅基地开发权交易收益的分配。因此，缺乏有效的宅基地退出补偿方案是制约限制开发区人口迁移的主要因素之一。

第四章　多层次跨区域主体功能区人口迁移方案

目前，关于主体功能区建设背景下人口迁移问题的主要观点可概括为两类：一类是质疑主体功能区规划引发大规模人口流动的合理性，主要是认为我国少数民族多集中在西部边远地区，这些地区大多是生态环境比较脆弱的限制、禁止开发区，西部地区人口向中、东部地区的长途迁移，会面临迁移成本过高、城市过度膨胀、就业容量不足、文化冲突和落后地区边缘化加剧等问题；另一类是主张积极推进农村人口在不同主体功能区之间迁徙，对人口迁移提供就业与培训、购买与修建住房、生产转型、税收、土地、户籍管理、子女入学、医疗保险等配套政策。本书认为，主体功能区规划要求实现人口、经济、生态环境的空间均衡，促进人口有序迁移和形成合理的人口布局是实现主体功能区战略的重要前提。我国幅员辽阔，由于自然和历史原因，人口分布与经济发展以及资源环境条件不协调，既有东、中、西部之间大尺度空间范围的人口分布失衡，也有行政区域内部小尺度空间范围的人口分布失衡，这是主体功能区人口多层次跨区域迁移的必要性。由全国主体功能区规划、省级主体功能区规划以及市级主体功能区规划等构成的多层级主体功能区规划体系，使主体功能区人口多层次跨区域迁移具有了可行性。

一、主体功能区人口多层次跨区域迁移的必要性

（一）东、中、西部之间人口长途跨区域迁移的必要性

由于自然环境的原因，自古以来，我国在“胡焕庸线”两侧经济发展水平和人口集聚能力相差悬殊，“胡焕庸线”以东只有全国 36% 的土地面积，却生活着全国 96% 人口，创造出全国 97% 的国民生产总值；“胡焕庸线”西北方虽占全国 64% 的土地面积，却是茫茫的戈壁、荒漠、草原和雪域高原，人口稀少，仅占全国的 4% 人口，经济落后，仅占全国的 3% 的国民生产总值，却是我国重要的生态屏障区域，尤其是“胡焕庸线”正是沿着东北森林带、北方防砂带、黄土高原 – 滇川生态屏障等自东北向西南延展形成，“胡焕庸线”两侧集聚着大量

少数民族人口，历来民族纷争不断。目前，从“四大板块”人口与经济分布情况来看（见表4-1），除了东北地区人口与经济占全国比重大体匹配以外，其他三大区域人口与经济占全国比重都严重失衡。其中，西部地区常住人口和户籍人口分别占全国总人口的27.11%和28.91%，但是国民生产总值仅占全国的18.65%；中部地区常住人口和户籍人口分别占全国总人口的26.7%和29.05%，但是国民生产总值仅占全国的19.53%。与中西部地区相反，东部地区常住人口和户籍人口分别仅占全国总人口的38.12%和33.94%，但是国民生产总值却占全国的53.24%。因此，从人口与经济的匹配关系来看，我国人口存在跨区域长途迁徙的必要性，即应当鼓励中、西部地区人口向东部沿海地区迁移。

表4-1　“四大板块”人口分布情况

区域	国土面积（平方千米）	国土面积比重（%）	常住人口（万人）	常住人口比重（%）	户籍人口（万人）	常住人口比重（%）	国民生产总值（亿元）	国民生产总值比重（%）
东北	810930.3	8.45	10670.97	8.07	10791.95	8.1	37269	8.58
东部	938116.8	9.79	50390.79	38.12	45256.33	33.94	231108.4	53.24
中部	1027163	10.72	35290.4	26.7	38729.58	29.05	84778.67	19.53
西部	6807913	71.04	35824.18	27.11	38554.52	28.91	80985.32	18.65

数据来源：《全国及各地主体功能区规划》，2010年全国人口普查数据，各省市自治区2011年统计年鉴。表中各项数据根据附录1-31统计汇总而成

从“四大板块”人口与环境资源承载力情况来看，西部地区环境资源承载力较弱，且是全国主要江河的上游或发源地，承担着全国性的生态安全屏障功能。根据表4-1，西部地区重点生态功能区面积4542133平方千米，占全部国土面积的47.40%，将近全部国土面积的一半，常住人口和户籍人口分别占全国

的5.99%和6.63%，而国民生产总值仅占全国的2.33%。显然，如果西部重点生态功能区继续维持现有人口规模，必然存在着发展经济和保护生态之间的冲突，因此，西部重点生态功能区亟待跨区域转移生态超载人口。其次，根据表4-3至表4-7，从“四大板块”的重点生态功能区常住人口与国民生产总值占全国比重的匹配情况来看，西部地区重点生态功能区常住人口与国民生产总值占全国比重的差距最大，中部次之，而东北地区差距最小，说明中、西部地区保护生态环境，转移生态超载人口的压力比东部和东北地区更大；从“四大板块”的农产品主产区常住人口与国民生产总值占全国比重的匹配程度来看，中、西部地区农产品主产区常住人口比重明显高于国民生产总值占全国比重，这说明中、西部农产品主产区人口相对过剩较多，农村剩余劳动力转移就业的压力较大；从“四大板块”的重点开发区常住人口和国民生产总值占全国比重的匹配情况来看，除了东部重点开发区国民生产总值占全国比重高于常住人口占全国比重以外，东北、中部、西部重点开发区国民生产总值占全国比重与常住人口占全国比重大体一致，这在一定程度上说明东部地区进一步集聚经济人口的潜力大于中部、西部和东北地区，也反映出人口跨区域长途迁徙的必要性（见表4-2至表4-6）。

（二）各大板块内部主体功能区人口省际跨区域迁移的必要性

根据表4-2，东北地区优化开发区和重点开发区同样是城镇化地区，优化开发区以仅占全国0.11%的国土，承载了全国1.25%的常住人口、1.05%的户籍人口以及2.34%的国民生产总值。但是，重点开发区以全国0.95%的国土，承载了全国2.92%的常住人口、2.70%的户籍人口以及2.71%的国民生产总值。相比之下，优化开发区人口与经济集聚程度显著高于重点开发区。鉴于东北地区人口与经济占全国比重大体匹配，因此，东北地区农产品主产区和重点生态功能区的经济和生态超载人口存在向东北地区重点开发区迁移的必要性。

表 4-2　东北地区各类主体功能区人口分布情况

主体功能区类型	国土面积		常住人口		户籍人口		国民生产总值	
	平方千米	比重（%）	万人	比重（%）	万人	比重（%）	亿元	比重（%）
优化开发区	11324	0.11	1657.5	1.25	1399.14	1.05	10171	2.34
重点开发区	90922.76	0.95	3858.02	2.92	3601.75	2.70	11780.2	2.71
农产品主产区	254413.5	2.65	3502.41	2.65	3755.36	2.82	10546.09	2.43
重点生态功能区	454270	4.74	1653.04	1.25	2035.7	1.53	4771.71	1.10
合计	810930.3	8.45	10670.97	8.07	10791.95	8.1	37269	8.58

数据来源：《全国及各地主体功能区规划》，2010 年全国人口普查数据，各省、市、自治区 2011 年统计年鉴。表中各项数据根据附录 1-31 统计汇总而成

根据表 4-3，东部地区优化开发区主要分布在京津冀鲁、江浙沪以及闽粤等地的中心城市，以仅占全国 1.30% 的国土，承载了全国 12.53% 的常住人口、8.52% 的户籍人口以及 26.23% 的国民生产总值，这些地区已经出现水土资源供应紧张、交通拥挤和环境污染等问题，环境资源承载力呈现饱和或递减状态，进一步集聚人口和经济的能力下降。但是，重点开发区创造了占全国 16.12% 的国民生产总值，却只承载全国 12.74% 的常住人口、11.08% 的户籍人口，而且东部重点开发区具有承载优化开发区产业转移的区位优势，产业集聚将创造更多的就业机会。与之相反，东部地区农产品主产区承载了全国 9.10% 的常住人口和 9.95% 的户籍人口，创造的国民生产总值却只占全国的 7.76%。因此，东部地区重点开发区具有进一步集聚人口的潜力，东部地区农产品主产区农村剩余劳动力存在向东部重点开发区迁移的必要性。

表 4-3　东部地区各类主体功能区人口分布情况

主体功能区类型	国土面积		常住人口		户籍人口		国民生产总值	
	平方千米	比重（%）	万人	比重（%）	万人	比重（%）	亿元	比重（%）
优化开发区	123472.2	1.30	16562.18	12.53	11497.21	8.62	113876.2	26.23
重点开发区	198806	2.07	16833.73	12.74	14777.78	11.08	69972.1	16.12
农产品主产区	313555.4	3.27	12032.45	9.10	13266.99	9.95	34163.72	7.87
重点生态功能区	302283.2	3.15	4962.43	3.75	5714.35	4.29	13096.35	3.02
合 计	938116.8	9.79	50390.79	38.12	45256.33	33.94	231108.4	53.24

数据来源：《全国及各地主体功能区规划》，2010 年全国人口普查数据，各省、市、自治区 2011 年统计年鉴。表中各项数据根据附录 1-31 统计汇总而成

根据表 4-4，中部地区重点开发区创造了占全国 11.76% 的国民生产总值，却只承载全国 11.39% 的常住人口、11.08% 的户籍人口，而且从区位上看，中部地区重点开发区具有承载东部地区产业转移的天然优势，这将有利于中部重点开发区进一步集聚人口和经济。与之相反，中部地区农产品主产区承载了全国 10.88% 的常住人口和 12.90% 的户籍人口，创造的国民生产总值却只占全国的 5.57%。因此，农产品主产区和重点生态功能区的经济和生态超载人口存在向中部重点开发区迁移的必要性。

表 4-4　中部地区各类主体功能区人口分布情况

主体功能区类型	国土面积		常住人口		户籍人口		国民生产总值	
	平方千米	比重（%）	万人	比重（%）	万人	比重（%）	亿元	比重（%）
重点开发区	226706.7	2.36	15053.33	11.39	14896.52	11.17	51044.65	11.76
农产品主产区	413563.7	4.32	14376.04	10.88	17206.06	12.90	24172	5.57
重点生态功能区	386892.5	4.04	5861.027	4.43	6627	4.98	9562.017	2.20

续　表

主体功能区类型	国土面积		常住人口		户籍人口		国民生产总值	
	平方千米	比重（%）	万人	比重（%）	万人	比重（%）	亿元	比重（%）
合 计	1027163	10.72	35290.4	26.7	38729.58	29.05	84778.67	19.53

数据来源：《全国及各地主体功能区规划》，2010 年全国人口普查数据，各省、市、自治区 2011 年统计年鉴。表中各项数据根据附录 1–31 统计汇总而成

根据表 4–5，西部地区重点开发区创造了占全国 13.02% 的国民生产总值，承载全国 11.39% 的常住人口、11.08% 的户籍人口，但是从国土面积看，全国重点开发区面积为 1307043 平方千米，仅占全部国土面积的 13.63%（见表 4–2），而西部重点开发区国土面积为 790608 平方千米，仅占全部国土面积的 8.25%，或者说西部地区重点开发区面积占全国重点开发区面积的60% 以上，且随着“一带一路”和国家长江经济带发展战略的不断推进实施，成渝地区、滇中地区、黔中地区、藏中南地区、北部湾地区、呼包鄂地区、关中 – 天水地区、兰州 – 西宁地区、宁夏沿黄经济区、天山北坡地区等人口承载能力都会不断加强。因此，西部地区农产品主产区和重点生态功能区的经济和生态超载人口存在向西部重点开发区迁移的必要性。

表 4–5　西部地区各类主体功能区人口分布情况

主体功能区类型	国土面积		常住人口		户籍人口		国民生产总值	
	平方千米	比重（%）	万人	比重（%）	万人	比重（%）	亿元	比重（%）
重点开发区	790608	8.25	17855.22	13.51	17802.21	13.35	56506.11	13.02
农产品主产区	1475172	15.39	10053.72	7.61	11906.79	8.93	14332.88	3.30
重点生态功能区	4542133	47.40	7915.24	5.99	8845.52	6.63	10146.33	2.33
合 计	6807913	71.04	35824.18	27.11	38554.52	28.91	80985.32	18.65

数据来源：《全国及各地主体功能区规划》，2010 年全国人口普查数据，各省、市、自治区 2011 年统计年鉴。表中各项数据根据附录 1–31 统计汇总而成

（三）不同类型主体功能区之间人口跨区域迁移的必要性

从表 4-6 可知各个类型主体功能区人口分布状况：优化开发区以 1.41% 的国土空间，承载了全国 13.78% 的常住人口、9.67% 的户籍人口和 28.57% 的经济产出，每平方千米常住人口密度高达 1352 人，接近全国平均人口密度（每平方千米 139 人）的 10 倍，已经达到或超过了环境人口容量的上限。重点开发区面积占全国的 13.63%，常住人口和户籍人口分别占全国的 40.56% 和 38.3%，国民生产总值占全国的 43.61%，每平方千米常住人口密度仅为 410 人，不到优化开发区的三分之一，具有很强的人口集聚能力。农产品主产区常住人口和户籍人口分别占全国的 30.24% 和 34.6%，国民生产总值却仅占全国的 19.17%，其承担全国粮食供给安全，必须坚持更加严格的耕地保护制度，人口数量已经超过了经济人口容量。重点生态功能区面积占全国的 59.33%，但是重点生态功能区是全国或区域性生态安全屏障，全国 80% 的重点生态功能区分布在西部地区，大部分区域生态极度脆弱，且很多处于主要江河的上游地区的水源地，常住人口和户籍人口分别占全国的 15.42% 和 17.43%，国民生产总值仅占全国的 8.65%，因此，重点生态功能区实际人口数量已经超过了经济人口容量。显然，重点生态功能区和农产品主产区的生态超载人口和农村剩余劳动力应该向重点开发区迁移。或者说，我国生态超载人口和经济超载人口在不同类型主体功能区之间存在迁移的必要性。

表 4-6　全国不同类型主体功能区人口分布情况

主体功能区类型	国土面积		常住人口		户籍人口		国民生产总值	
	平方千米	比重（%）	万人	比重（%）	万人	比重（%）	亿元	比重（%）
优化开发区	134796.2	1.41	18219.68	13.78	12896.35	9.67	124047.17	28.57
重点开发区	1307043	13.63	53600.3	40.56	51078.26	38.3	189303.1	43.61

续　表

主体功能区类型	国土面积		常住人口		户籍人口		国民生产总值	
	平方千米	比重（%）	万人	比重（%）	万人	比重（%）	亿元	比重（%）
农产品主产区	2456705	25.63	39964.62	30.24	46135.2	34.6	83214.69	19.17
重点生态功能区	5685579	59.33	20391.74	15.42	23222.57	17.43	37576.41	8.65
总 计	9584123	100	132176.3	100	133332.4	100	434141.4	100

数据来源：《全国及各地主体功能区规划》，2010 年全国人口普查数据，各省、市、自治区 2011 年统计年鉴。表中各项数据根据附录 1-31 统计汇总而成

二、主体功能区人口多层次跨区域迁移的可行性

（一）全国主体功能区规划为省际之间和省域范围内主体功能区人口跨区域迁移提供了可行性

根据《全国主体功能区规划》，我国限制开发区主要分布在中、西部地区，尤其是全国 80% 的重点生态功能区分布在西部地区，承担着全国性生态屏障职能。东部沿海地区多半属于重点开发区和优化开发区。因此，根据主体功能区规划要求，应该促进分布在中、西部地区限制开发区人口向中、东部地区重点开发区迁移。同时,《全国主体功能区规划》将每个省（直辖市、自治区）的国土空间都分为城镇化地区、农产品主产区和生态功能区，其中城镇化地区包括优化开发区和重点开发区，禁止开发区点状分布在各类主体功能区之中，尤其是在全国主体功能区层面，中、西部地区每个省都有重点开发区，这为农村剩余劳动力和生态超载人口在省域范围内近距离迁移提供了可能。以安徽省为例，根据《全国主体功能区规划》，安徽省国家级重点开发区江淮地区主要包括合肥及沿江的部分地区，构建以安庆、池州、铜陵、巢湖、芜湖、马鞍山沿江六市为发展轴，合肥、芜湖为双核，滁州、宣城为两翼的“一轴双核两翼”空间

开发格局❶；国家级农产品主产区主要包括黄淮海平原主产区和长江流域主产区；国家级重点生态功能区主要是指大别山水土保持生态功能区（安徽境内包括太湖县、岳西县、金寨县、霍山县、潜山县、石台县）和皖南山区生物多样性保护型和水源涵养型生态功能区（包括黄山区、歙县、休宁县、黟县、祁门县、青阳县、泾县、绩溪县、旌德县）❷；此外，还包括各类点状分布的国家级禁止开发区。因此，根据全国主体功能区规划，安徽省应当促进地处皖北的黄淮海平原国家级农产品主产区以及大别山、皖南山区国家级重点生态功能区人口向江淮地区国家级重点开发区有序迁移。

（二）省级主体功能区规划为引导主体功能区人口在市县层面有序迁移提供了可行性

在《全国主体功能区规划》的基础上，2013 年 12 月《安徽省主体功能区规划》公布，进一步明确了以县为基本行政单元的省级主体功能区规划（见表 4–7）。显然，省级主体功能区规划的颁布与实施，有利于在省级层面促进省域范围内限制开发区县（市）的生态超载人口和农村剩余劳动力向相邻的重点开发区县（市、区）流动，推动主体功能区战略格局在市县层面精准落地。因此，安徽省限制开发区县（市）生态超载人口和农村剩余劳动力有两种转移途径：一是向省外发达地区跨区域长途转移；二是向省域范围内相邻的重点开发区县（市、区）就近转移。

---

❶ 江淮地区国家级重点开发区与皖江城市带承接产业转移示范区的空间范围基本重合。

❷ 2016 年 10 月，国务院批复同意新增部分县（市、区、旗）纳入国家重点生态功能区。安徽省黄山市黄山区、歙县、休宁县、黟县、祁门县、池州市青阳县、宣城市泾县、绩溪县、旌德县 9 个县（区）成功由省级重点生态功能区升格为国家级重点生态功能区，属于皖南山区生物多样性保护型和水源涵养型生态功能区。

表 4-7　安徽省主体功能区规划基本情况

类型	层级	主体功能区范围	主体功能区基本行政单元
重点开发区	国家级	江淮地区	合肥市：庐阳区、瑶海区、蜀山区、包河区、肥西县、肥东县 芜湖市：镜湖区、弋江区、鸠江区、三山区、无为县、繁昌县 马鞍山市：花山区、雨山区、博望区、当涂县、和县 铜陵市：郊区、铜官山区、狮子山区、枞阳县 池州市：贵池区 安庆市：迎江区、大观区、宜秀区 滁州市：琅琊区、南谯区 宣城市：宣州区
	省级	皖北城市群 皖西片区 皖南片区	阜阳市：颍州区、颍东区、颍泉区 亳州市：谯城区 淮南市：大通区、田家庵区、谢家集区、八公山区、潘集区 蚌埠市：龙子湖区、蚌山区、禹会区、淮上区 淮北市：杜集区、相山区、烈山区 宿州市：埇桥区 六安市：金安区 黄山市：屯溪区、徽州区
农产品主产区	国家级	淮北平原主产区	淮北市：濉溪县 亳州市：涡阳县、蒙城县、利辛县 宿州市：砀山县、萧县、灵璧县、泗县 蚌埠市：怀远县、固镇县、五河县 淮南市：凤台县 阜阳市：临泉县、太和县、阜南县、颍上县、界首市
		江淮丘陵主产区	合肥市：长丰县 六安市：裕安区、寿县、霍邱县 滁州市：来安县、全椒县、定远县、凤阳县、明光市、天长市
		沿江平原主产区	合肥市：巢湖市、庐江县 六安市：舒城县 芜湖市：芜湖县、南陵县 马鞍山市：含山县 池州市：东至县 安庆市：桐城市、怀宁县、宿松县、望江县 宣城市：郎溪县、广德县

续 表

类型	层级	主体功能区范围	主体功能区基本行政单元
重点生态功能区	国家级	大别山水土保持生态功能区	六安市：金寨县、霍山县 安庆市：太湖县、岳西县、潜山县 池州市：石台县
		皖南山区生物多样性保护型和水源涵养型生态功能区	黄山市：黄山区、歙县、休宁县、黟县、祁门县 池州市：青阳县 宣城市：泾县、绩溪县、旌德县
	省级	皖南山区重点生态功能区	宣城市：宁国市

资料来源：《安徽省主体功能区规划》（皖政〔2013〕82号）。注：点状分布的禁止开发区包含在重点开发区域和限制开发区域中

（三）市级主体功能区规划为引导主体功能区人口在县区、乡镇层面有序转移提供了可行性

在全国和省级主体功能区规划的基础上，各地也相继出台了市级主体功能区规划，市级主体功能区规划一般以乡镇为基本行政单元。例如，2016年，安徽省铜陵市发改委印发《铜陵市城市主体功能分区规划》，将全市分为主城优化发展区、东部新城重点发展区、合铜走廊重点发展区、枞阳重点发展区、枞阳文化旅游与农业发展区、凤凰山生态发展区、胥坝－老洲生态与农业发展区七大功能区。在《关于铜陵市2017年国民经济和社会发展计划执行情况与2018年计划草案的报告》中，该市明确提出推动主体功能区战略格局在县区、乡镇层面精准落地。显然，市级主体功能区规划主要以乡镇或街道为基本行政单元，在更小的空间尺度上规划区域主体发展功能，这为促进主体功能区人口在县域范围内就近转移就业或就地城镇化提供了可能。

三、主体功能区人口多层次跨区域迁移方案

影响人口流动的因素很多，地区间的收入差距引起的人口自发流动难以适

应主体功能区规划要求。在主体功能区划背景下，必须在坚持市场对人口资源基础性配置地位的前提下，发挥政府对人口迁移的主导作用，促进人口在各类主体功能区之间有序迁移。简单地促进人口在西、中、东部之间跨区域的大规模迁移也不符合中国现实。由于主体功能区规划分为国家、省和市等多个层级，并以市县或乡镇为基本行政单元，为了避免单一形式的由西向东的大规模跨区域迁移引发的矛盾与冲突，人口跨区域迁移应当具有层次性，既可以是东、中、西部之间和临近省区之间的跨地区迁移，也可以是省域或县域范围内不同主体功能区之间就近迁移。促进主体功能区人口多层次跨区域迁移的具体方案如下。

（一）促进东、中、西部之间主体功能区人口跨区域长途迁移

促进东、中、西部之间人口跨区域长途迁移，主要是促进中、西部地区重点生态功能区和农产品主产区的生态超载人口和农村剩余劳动力向中、东部重点开发区迁移。我国贫困地区人口主要分布在中、西部地区重点生态功能区和农产品主产区，对于贫困地区人口的跨区域长途迁移，应该主要通过“教育移民”方案。在我国的一些中、西部贫困地区，生态环境脆弱，人口出生率高，人口超载严重，群众生活贫困，受教育程度低，思想观念相对落后，接受新鲜事物的能力弱，人口流动性差。一般而言，迁移距离越远，则迁移成本越高，迁移可能性就越小。但是年龄越轻、受教育程度越高，则迁移可能性越大。而且，年轻人的移出，有利于降低当地的人口出生率，更有利于减轻人口超载地区的环境压力。因此，增加对中、西部贫困地区青少年的教育投入，可能是促进我国当前人口跨区域长途迁徙的最好手段。主体功能区视阈下，中、东部地区之间跨区域的教育移民包括两种形式：一种是由于东部地区缺乏蓝领工人，东部地区职业技能学校直接从中、西部不发达地区直接招收学生，在经过职业技能培训后，在东部地区就业落户；第二种是由于一些中西部贫困地区高等教育毛入学率相对较低，通过提高中、西部贫困地区的基础教育水平，并相应增

加东部发达地区高校在这些地区的招生计划，完成学业以后，部分学生可以直接留在东部地区就业落户。由于“教育移民”的对象一般是受过良好教育的青年学生，就业竞争力、文化融入和社会适应能力都很强，很容易在东部发达地区安家落户，成为永久居民。众所周知，目前我国跨区域人口迁徙主要群体是中西部地区农民到东部沿海打工，形成了农民工这一特殊的社会边缘群体，以及由其派生的“留守儿童”“空巢老人”“春运高峰期”以及农民工的就业地与赡养地分离等一系列社会问题。因此，本书主张通过政府调控手段，改变目前我国东、中、西部之间跨区域迁徙人群结构，增加“教育移民”规模，使其逐步取代以农民工为主体的跨区域长途迁徙人群结构。在《全国主体功能区规划》中，生态功能区主要分布在中、西部地区，尤其是生态环境脆弱、人口超载现象严重、交通与信息闭塞以及少数民族人口集中的经济和教育水平落后地区，国家要对这些地区进行中小学合理布局，改善教育设施，提高教师待遇，吸引优质师资，保障其基础教育质量，提高升学率和教育水平，促进“教育移民”。东部发达地区大中专院校要增加对中、西部落后地区的招生计划，国家各类形式的助学金、奖学金发放应向中、西部贫困地区生源倾斜。

此外，促进“教育移民”应与国家脱贫攻坚战略结合起来。我国连片及深度贫困地区主要处在西部地区重点生态功能区。当前，处于扶贫脱贫攻坚工作的关键期，产业脱贫成效呈现递减效应，一些本来具备脱贫条件的地区和人口，相当一部分可能是因为脱贫内生动力不足，导致难以彻底摆脱贫困。因此，脱贫工作重点要转向教育扶贫，重点通过扶智、扶技解决贫困问题，以教育扶贫促进“教育移民”。一是要补齐连片及深度贫困地区教育发展短板，要落实好国家相关政策，延长教育扶贫链条，让贫困地区寒门子弟有条件走出深山，进入城市，接受高等教育或职业技能教育。二是加大对连片及深度贫困地区青壮年农民职业技能培训，授人以鱼不如授人以渔，让他们掌握必要的技能，到重点开发区就业。

（二）促进省域、市域范围内主体功能区人口就近迁移

促进省域、市域范围内主体功能区人口就近迁移，有利于减少人口迁移成本，避免长途迁徙引发的文化习俗差异和人际关系巨大改变造成的不适应。因此，人口就近转移应该成为主体功能区人口迁移的主要形式。在全国或地方各级主体功能区规划中，每个省、市都规划有重点开发区或优化开发区（城镇化地区），这为周边地区限制、禁止开发区（乡村地区）的农村剩余劳动力提供了就近转移就业的机会。由于历史上城镇主要形成在水土资源条件较好、农产品产量较为丰富以及人口较为集中的地区，因而这里也是人均耕地面积较少的地区。在《全国主体功能区规划》中，国家级优化开发区和重点开发区与国家级农产品主产区大多相互交叉重叠，或者说大多数城镇就坐落在鱼米之乡，城镇周边就是基本农田或耕地。例如，中原经济区、冀中南地区等国家级重点开发区以及环渤海国家级优化开发区就寓于黄淮海平原主产区，江淮地区、长江中游地区、成渝地区等国家级重点开发区以及长三角优化开发区就寓于长江流域主产区。随着城镇化的推进，农村人口不断向城镇涌入，为了适应城镇居民生产生活需要，城镇建设用地需求越来越大，这无疑会与国家实行最严格的耕地保护制度发生冲突。同时，农村人口逐步减少，大量农村宅基地、学校等公益性用地以及乡镇企业用地等集体建设用地出现闲置。显然，城镇化会导致城市建设用地供应紧张和农村建设用地闲置并存的局面。

由于农产品主产区是农村剩余劳动力密集区域，因此促进农产品主产区农村剩余劳动力向邻近重点开发区就近转移，既能减少迁移成本，也能避免文化习俗差异带来的人口迁移负效应。为了保护耕地，坚守国家18亿亩耕地红线，缓解城乡建设用地供求矛盾的最直接、最基本的办法就是保证限制开发区新增耕地面积与重点开发区新增建设用地指标平衡，可以将耕地“占补平衡”和城乡建设用地“增减挂钩”的指标在省内一定范围内跨地区调剂。为了有效推进“城乡土地置换移民”，必须同时具备促进人口从限制、禁止开发区向重点开发

区迁移的“推力”和“引力”。首先，按照一定标准对“退地农民”进行合理补偿，是促进人口由限制、禁止开发区向重点开发区流动的“推力”，也是决定农民是否自愿流出的关键。为此，建议重点开发区按照新增开发用地取得的土地出让金的一定比例提取土地发展基金，专项用于购买限制开发区退地农民的土地发展权。对退地农民的具体补偿标准初步设想为：宅基地复垦等于增加了耕地面积，建议按照征地标准补偿；土地承包经营权退出并没有增加耕地面积，建议参照当地农地流转的平均价格作为补偿标准；为便于操作，按照家庭人口数给予一定的搬迁补偿，宅基地上的建筑物、植被等由退地农民自行处置，建议不再列入补偿范围。其次，让退地农民取得流入地城镇户籍，无差别享受城镇居民待遇，是促进人口由限制开发区向重点开发区流动的“引力”。具体来讲，对到重点开发区域就业或购房的退地农民，可以取得当地城镇户口。但取得城镇户籍只是形式，关键要求重点开发区城市必须提供足够的就业、住房、教育、医疗等公共产品或公共服务，让退地农民真正享受到无差别的市民待遇。因此，需要将重点开发区新增建设用地指标与其吸纳限制、禁止开发区剩余劳动力数量相挂钩。

（三）对生活在环境资源条件恶劣地区贫困人口实行生态移民

我国少数民族主要分布在东北、西北、西南等边远、内陆、高原、山区等自然环境较差的地区，并以深居内陆的高原山区为主，其中寒冷、干旱的荒漠占了相当比重。这些地区因气候条件恶劣、自然灾害频发以及交通、信息闭塞等原因，导致少数民族生产能力和生活水平难以提高，甚至局部地区频发地震、泥石流等自然灾害现象还会危及少数民族群众的财产与生命安全；同时，少数民族人口的社会经济活动也会对原本脆弱的生态环境造成进一步破坏，一些地区过度的人类活动已经危及区域性乃至全国性的生态环境安全。因此，为提高少数民族人口的收入水平和生活质量，减少人类活动对生态脆弱地区的负面影响，在生态环境适宜区域建设民族聚居区，通过高质量的基础设施和公共服务吸引分散在生态核心保护区的少数民族人口迁入，称为“民族区域生态移民”。由于各个民族长期形成的生产和生活习惯，加上民族文化和习俗上的独立性和差异性，决定了民族移民具有其本身的特殊性。实践证明，城镇化不是解决“民族区域生态移民”的最好办法，更不是唯一办法。在少数民族移民工作中，必须反对一刀切的城镇化做法，应当根据当地环境资源条件和社会经济发展情况和文化特色，本着宜农则农、宜牧则牧、宜商则商、宜工则工的原则，充分发挥当地的比较优势，并尊重少数民族的意愿和民族习惯，选择性地建立农业集聚区、牧业集聚区、工业集聚区和商业集聚区或综合性集聚区等。在生态环境和社会经济条件允许的情况下，少数民族人口较多地区还可以建立多种类型的民族聚居区，供少数民族人口选择性迁入。当然，政府在“民族区域生态移民”过程中，既要注重对民族文化与习惯的维护与尊重，也要让少数民族人口逐渐接受现代文化以及现代生产、生活方式，最终目的是提高少数民族群众的生活质量。因此，政府应重点加大对民族集聚区域的教育、文化、科技、医疗卫生以及基础设施等公共产品的投入，促进现代文明与民族文化日趋融合，让民族集聚区域成为经济发展、乡风文明、生态优良的新型社区，成为少数民族同胞理想的生产、生活场所和幸福家园。

党的十八大以来，我国以习近平总书记扶贫开发战略思想为指导，将“六个精准”[1]作为扶贫的基本要求，将“五个一批”[2]作为脱贫主要途径，对农村贫困人口建档立卡，分类施策，广泛动员全社会力量，采取灵活多样的形式参与扶贫，实现贫困地区农村居民收入加快增长。对于残疾人、长期患病者、孤寡老人等贫困人口实行了政策兜底，对于禁止开发区和部分重点生态功能区贫困人口实行了生态补偿，对居住在生存条件恶劣、生态环境脆弱、自然灾害频发

---

[1] “六个精准”是指扶贫对象精准、项目安排精准、资金使用精准、措施到户精准、因村派人精准、脱贫成效精准。

[2] “五个一批”包括发展生产脱贫一批、易地扶贫搬迁脱贫一批、生态补偿脱贫一批、发展教育脱贫一批、社会保障兜底一批。

等地区贫困人口实行了易地搬迁，基本上解决了“无业可扶、无力脱贫”和“一方水土养活不了一方人”等原因引起的贫困问题。

乡土情结是人之常情，尤其是中老年人乡土情结更为浓厚，因为相对于年轻人，他们接受异乡文化、融入城市的能力相对较弱。但是易地搬迁主要是针对居住在生存条件恶劣、生态环境脆弱、自然灾害频发地区的贫困人口，因为这里“一方水土养活不了一方人”，实施易地搬迁是实现脱贫的唯一途径。虽然国家“十三五”期间，计划实现易地搬迁人口1000万左右，易地扶贫搬迁工程总投资约9500亿元，但是很多贫困人口宁愿守着贫困的家乡，也不愿意搬到生活条件较好的地区，有些人甚至搬迁以后又返回原地居住。造成这种现象，除了地域间文化习俗的差异原因以外，贫困人口易地搬迁后生活成本的上升以及与当地人收入差距过大导致经济上和精神上双重压力加大，也是主要原因。为此，建议在条件许可的情况下，尽量能够就近搬迁和整体搬迁，从而避免文化习俗差异和人际关系巨大改变造成的不适应。另外，一定要根据“搬得出、稳得住、有产业、能致富”的易地扶贫搬迁脱贫原则，改善贫困人口搬迁后的生产、生活条件，尽快缩小与当地居民的收入差距，减轻其生活压力和心理负担，尽快融入当地社会。

第五章　财政政策促进主体功能区人口有序迁移的理论依据

主体功能区规划要求实现人口、经济、生态环境的空间均衡。就现实来看，我国人口布局与主体功能区规划很不协调：一是从静态来看，人口分布与经济布局和生态环境等严重不协调。例如，西部一些环境资源承载力较弱且承担全国或区域性生态功能的地区人口超载现象严重；中西部农产品主产区存在大量农村剩余劳动力亟待转移，东部的“长三角”“环渤海”和“珠三角”等优化开发区人口和经济高度集聚已经达到或超出环境资源承载力的上限；重点开发区虽然存在很大人口承载容量，但是人口集聚能力不足。二是从动态来看，人口流动趋势与主体功能区规划相悖。例如，一些位于重点开发区的三线、四线城市，环境资源承载力较强，但是人口却为净流出；一些位于优化开发区一线城市，环境资源承载力开始递减，但是人口却为净流入；一些信息闭塞、交通不便、生态环境脆弱的限制与禁止开发区人口迁出却相对缓慢。因此，是否应当促进人口在主体功能区之间跨区域迁移，政府在促进人口跨区域迁移中应起何种作用，财政政策如何促进人口布局与主体功能区规划相协调，等等，回答这些问题，都需要一定的理论为依据。

一、相关概念的厘清

（一）人口迁移、人口流动与流动人口

1. 人口迁移

人口迁移是指人口在不同区域之间的迁入或迁出，并发生居住地的长期性或永久性改变的人口空间位移现象。因为户籍制度的存在，我国人口迁移有狭义和广义之分，狭义的人口迁移必须伴随户籍迁移，即户籍和居住地同时发生长期性或永久性改变引起的人口空间位移；广义的人口迁移既可能伴随户籍迁移，也可能不伴随户籍迁移，或者说，即使不伴随户籍迁移，只要人口的居住地发生长期性或永久性改变引发的人口空间位移便称之为广义的人口迁移。

2. 人口流动

人口流动包括短期人口流动和长期人口流动。短期人口流动是指因为工作、探亲、学习、旅游等原因外出活动，人口短期或临时离开居住地，没有改变定居地和户籍地的短期的人口空间位移现象；长期人口流动就是广义的人口迁移，即只要人口的居住地发生长期性或永久性改变的人口空间位移，就是长期人口流动。近年来，我国农产品主产区和重点生态功能区大量劳动力选择到重点开发区和优化开发区就业，大量劳动力人口选择“流而不迁”“离乡不离土”，形成人口流动大军，这些进城的农民工，在城市并没有固定或永久的住所，更没有取得城市户籍，这些季节性“候鸟式”地往返于城乡之间的农民工，就属于我国当前最大规模的短期人口流动。

3. 流动人口

在我国，习惯上还将不改变户籍状况，离开常住地，在流入地暂时寄居半年或半年以上的外来人口统称为流动人口。一般情况下，狭义的人口迁移主要用于统计户籍人口数量的变化，即以人口户籍所在地作为人口数量的统计依据；广义的人口迁移主要用于统计常住人口数量的变化，即在人口流入地居住满6个月以上即计算为流入地常住人口。因此，按照这样的统计口径，我国的流动人口实际上属于流入地的常住人口的一部分。

本书为满足研究需要，减少概念不统一造成的误解，在不特别说明的情况下，本书所说的人口迁移是指广义的人口迁移，即不仅包括户籍人口迁移，还包括虽然户籍没有迁移，但是居住地发生长期性或永久性改变引起的人口空间位移。本书所指的人口迁移，不包括因为工作、探亲、学习、旅游等短期外出活动或临时离开居住地的人口，即不包括没有改变定居地或户籍地的人口数量。

（二）经济人口容量与环境人口容量

1.经济人口容量

经济人口容量是指特定区域的经济发展水平所能承载的最大人口数量，一般由国民生产总值、国民收入等指标决定，且国民生产总值、国民收入等均与经济人口容量呈正相关。需要指出的是，在传统的农业社会，耕地面积是衡量经济人口容量的主要指标。但是，在现代社会经济条件下，从生产的角度来看，现代农业的机械化水平很高，机械替代劳动的空间弹性很大，耕地面积不再是一个地区承载劳动力人口数量的决定因素；从消费的角度来看，现代化的交通和物流条件，可以使农产品消费地与农产品生产地之间的空间距离进一步拉大，耕地面积同样不足以成为一个地区承载居住人口的决定因素。显然，现代社会经济条件下，耕地面积不宜作为经济人口容量的主要指标。

2.环境人口容量

环境人口容量是指特定区域的自然资源和生态环境所能承载的最大人口数量，一般主要由土地面积、水资源以及人均消费水平等指标决定。其中，土地面积、水资源与环境人口容量呈正相关，人均消费水平与环境人口容量呈负相关。土地面积和水域面积决定了一个地方的环境自净能力，即当生态环境遭受污染时，经过气流、水流的消散、氧化以及植被的吸收和土壤微生物的分解作用，将各种污染物转化为无害物的自然净化能力。同时，土地面积也决定一个地区的建筑、交通等拥挤程度，水资源也是人类生产、生活的基本条件之一。经济发达和人口稠密地区，水土资源的稀缺性矛盾就更为突出。所以说土地面积、水资源与环境人口容量呈正相关。人均消费水平越高，人均消费所产生的污染物就越多，人均消费对空间的占用量就越大。例如，随着消费水平的提高，人均汽车拥有量逐步提高，汽车尾气排放导致环境污染加剧，也造成交通拥堵问题更加严峻。所以说，人均消费水平与环境人口容量呈负相关。

一个地区的人口容量是由经济人口容量和环境人口容量二者共同决定的，但是一个地区人口容量上限是由二者中较小的那个人口容量所决定。比如，优化开发区经济发展水平很高，尚有集聚更多人口的空间，但是从其环境资源承载力来看，无法继续集聚更多人口和产业。因此，优化开发区环境人口容量往往小于经济人口容量，其环境人口容量就是该区域的最大人口容量。同样，诸如重点生态功能区和农产品主产区等，即使都存在广袤的土地和丰富的水资源，但是站在国家或区域性生态安全和粮食安全的战略角度，都被规划为限制开发区，属于限制进行大规模工业化、城镇化开发地区，其主体功能定位决定了其经济人口容量较小。

二、主体功能区人口迁移的理论模型

主体功能区规划是基础性、战略性规划，主要根据不同区域的环境资源承载力、现有开发密度和发展潜力，将整个国土空间划分为优化开发区、重点开发区、限制开发区和禁止开发区四种类型，通过明确不同区域的主体发展功能及其相应的政策调控措施，逐步引导限制开发区和禁止开发区的农村剩余劳动力和生态超载人口向重点开发区有序转移，并保证已经达到或超过环境资源承载力上限的优化开发区人口相对稳定，构建人口与资金、建设用地指标等生产要素同向流动的机制，从而促进全部国土空间范围内人口分布与经济布局、环境资源承载力相协调。

本书试图通过对劳动力迁移的净收益现值模型的解析，揭示主体功能区人口迁移的动因。模型包括三个假设条件：一是影响主体功能区人口迁移的所有因素都可以用货币形式衡量，二是主体功能区人口迁移的动因是追求货币净收益现值的最大化，三是假设举家迁移区域黏性成本在家庭成员之间是可平均分摊的。

（一）主体功能区劳动力人口迁移的理论模型

根据模型假设条件，从理论上讲，只有劳动力迁移的净收益现值不小于0，主体功能区人口迁移才可能发生。主体功能区劳动力人口迁移的净收益现值计算公式为：

$$\mathrm{NIP}=\sum_{t=1}^{n}[(R_1-R_0)/(1+r)^t]-C$$

其中：NIP为主体功能区劳动力人口迁移的净收益现值；R_1为主体功能区劳动力人口在迁入地的预期货币收益；R_0为主体功能区劳动力人口在迁出地的货币收益；n为主体功能区劳动力人口在迁入地的预期工作时间；r为贴现率；C为主体功能区劳动力人口迁移的“区域黏性”成本，包括居住净成本、迁移费用、基本公共服务、习俗、亲友情况等，其中居住净成本等于城市居住成本减去农村宅基地退出的变现价值。

NIP >0是主体功能区劳动力人口迁移的基本动因，在主体功能区劳动力人口迁出地货币收益R_0、折现率r等其他条件不变的情况下，主体功能区劳动力人口在迁入地预期货币收益R_1和预期工作时间n越大，“区域黏性”成本C越小，劳动力人口的迁移动因越强。

主体功能区劳动力人口在迁入地的预期货币收益R_1不仅取决于迁入地的平均收入水平，更多取决于劳动力者自身文化素质和就业竞争力，这显然与劳动力所接受的教育与职业培训情况有关。一般而言，劳动力所接受的教育与职业培训程度越高，迁移动因越强。

主体功能区劳动力人口在迁入地的预期工作时间n不仅取决于在迁入地的收入R_1，还取决于迁入地提供的公共服务情况和劳动力的年龄等因素。若迁入地政府能够为外来务工人员提供无差别的公共服务，让其享受“市民待遇”，成为迁入地的永久居民，就可以改变“候鸟式”的人口流动方式，增加劳动力在迁入地的预期工作时间n。同时，从劳动力年龄来看，年龄越小，剩余就业年限

（法定退休年龄与现时年龄之差）就越长，在成为迁入地永久居民假设条件下，可以将剩余就业年限等同于劳动力在迁入地的预期工作时间 n。在迁出与迁入地收入差距 (R_1-R_0) 既定的情况下，剩余就业年限 n 越长，累计收益现值就越大，因此，年轻人的迁移欲望更强。

影响“区域黏性”成本 C 的因素比较复杂，一般而言，搬迁成本越高，迁移距离越大，则导致迁移费用和习俗、亲友关系等方面的负效应就越大，尤其是民族地区劳动力人口迁移引发的习俗、亲友关系等方面的负效应更大，即使一些西部偏远的老少边穷地区与东部发达地区之间收入差距很大，高额的“区域黏性”成本仍然制约了这些地区的劳动力人口移出。尤其需要指出的是，在我国，“区域黏性”成本 C 还应考虑到农村宅基地退出补偿标准、城乡居住成本差异和基本公共服务差异等因素。

显然，C 和 n 等是由非市场因素决定的，正是政府应当发挥作用的领域。因此，一方面，限制开发区应通过完善宅基地退出补偿机制、降低“转户退地”机会成本、提供就业指导和有效的就业信息，重点开发区要为进城务工人员提供教育、医疗卫生、社会保险以及住房保障等基本公共服务，以及努力降低限制开发区人口迁出的“区域黏性”成本 C；另一方面，因为迁移者年龄越小，在迁入地就业时间越长即 n 越大，迁移动因越强，且受到“区域黏性”成本的制约就越小。因此，应加大对中、西部限制开发区教育的投入，以促进“教育移民”，从而有利于中、西部落后地区年轻人跨区域长途迁移。

（二）主体功能区家庭迁移的理论模型

劳动力迁移的净收益现值模型，不仅适用于解释主体功能区劳动力人口的迁移，也适用于解释包括非劳动力人口的举家迁移。因为，非劳动力人口迁移前后的 R_1 和 R_0 均为 0，所以非劳动力人口迁移不影响 R_1-R_0 的大小，只是“城乡二元”的户籍制度及其附着的社会福利制度，使得农村老人与儿童等非劳动力人口迁移，会失去户籍地的养老、医疗、基础教育等基本公共服务，因此包括非劳动力人口迁移的家庭“区域黏性”成本 C 更大。正是如此，只有在城市就业竞争力较强、收入较高劳动者，才会举家迁往城市；与之相反，大部分就业竞争力不强、收入较低的劳动者，则会选择劳动力人口迁移，而非举家迁移，因此，出现大量农村“留守儿童”和“空巢老人”。这里以一个典型5口家庭（一对夫妻劳动力人口，两位老人，一个孩子）为例，主体功能区举家迁移的净收益现值计算公式为：

$$\mathrm{NIP}^h = \sum_{t_m=1}^{n_m}[(R_1^m - R_0^m)/(1+r)^{t_1}] + \sum_{t_f=1}^{n_f}[(R_1^f - R_0^f)/(1+r)^{t_2}] - 5C$$

其中：NIP^h 为主体功能区举家迁移的净收益现值；$R_1{}^m$ 为家庭男劳动力人口在迁入地的预期货币收益；$R_0{}^m$ 为家庭男劳动力人口在迁出地的货币收益；n_m 为家庭男劳动力人口在迁入地的预期工作时间；$R_1{}^f$ 为家庭女劳动力人口在迁入地的预期货币收益；$R_0{}^f$ 为家庭女劳动力人口在迁出地的货币收益；n_f 为家庭女劳动力人口在迁入地的预期工作时间；r 为贴现率；$5C$ 为典型5口家庭举家迁移的“区域黏性”成本。

$\mathrm{NIP}^h \geqslant 0$ 是主体功能区举家迁移的基本动因和前提，但是，在家庭劳动力人口迁移收益现值既定情况下，主体功能区5口之家举家迁移“区域黏性”成本将是单一劳动力人口迁移“区域黏性”成本的5倍，举家迁移的门槛过高，很多家庭举家迁移的净收益现值 $\mathrm{NIP}^h < 0$，因此，劳动力人口迁移仍是中国人口跨区域迁移的主要模式。

显然，在家庭迁移的理论模型中，影响非劳动力人口迁移的“区域黏性”成本除了居住成本、迁移成本外，还要重点考虑基础教育、医疗卫生、养老保障等基本公共服务因素。

三、财政政策含义

促进人口布局与主体功能区规划相协调的财政政策，是指在主体功能区建设背景下，根据各地区环境资源承载力，为了实现规划的人口布局目标，而采取的一系列财政政策工具。在坚持市场对人口资源基础性配置地位的前提下，发挥政府对人口迁移的主导作用，通过财政政策促进人口在各类主体功能区之间的合理配置。

（一）政策目标

人口跨区域流动应当具有层次性，既可以是东、中、西部之间和临近省区之间的跨地区流动，也可以是省内不同主体功能区之间和特定民族区域内人口流动。由于影响“区域黏性”成本因素复杂，加上不同层次的跨区域人口迁移的“区域黏性”成本不同，需要制定促进多层次的跨区域人口迁移的财政政策。根据劳动力迁移预期净收益现值公式，NIP 是 n 的增函数，亦即年轻人迁移愿望相对较强；C 是迁徙距离和民族差异因素的增函数，亦即迁徙距离过长和民族差异过大会导致流动愿望减弱。因此，年轻人更适合跨区域长途迁移，可以通过支持中、西部地区教育发展，提高青少年的升学和就业能力，促进其跨省向东流动，称为“教育移民”；中老年人更适合近距离迁移，可以通过提高中、西部地区各重点开发区的人口吸纳能力，为周边地区限制、禁止开发区的中老年“退地农民（同时退出耕地和宅基地）”提供社保、住宅、就业机会等，实现省内人口迁移，称为“城乡土地置换移民”；考虑到民族人口的特殊文化及习俗情况，可以在生态环境适宜区域建设民族聚居区，通过高质量的基础设施和公共服务吸引分散在生态核心保护区的少数民族人口迁入，称为“民族区域生态移民”。从 2011 年颁布的《全国主体功能区规划》来看，中、西部地区每个省都有重点开发区，这为人口近距离迁移和规划民族集聚区域提供了便利条件。

一般来讲，经济人口容量由经济总量决定，环境人口容量由环境资源承载力决定。若 GDP 表示经济总量，RKC 表示环境资源承载力，RGM 表示人口规模。m 表示限制、禁止开发区，n 表示优化、重点开发区，则 $GDP_m/RGM_m \neq GDP_n/RGM_n$，反映我国目前各类主体功能区人口布局与经济集聚相冲突；$RKC_m/RGM_m \neq RKC_n/RGM_n$，反映我国目前各类主体功能区人口布局与环境资源承载力相冲突。因此，应当积极运用财政政策促进人口布局与主体功能区规划相协调。当然，要求上述指标完全相等是不现实的，现实的目标是实现其指标大体或近似相等，促进人口布局与主体功能区规划相协调的财政政策目标为：$GDP_m/RGM_m \approx GDP_n/RGM_n$，反映各类主体功能区人口布局与经济集聚相协调；$RKC_m/RGM_m \approx RKC_n/RGM_n$，反映各类主体功能区人口布局与环境资源承载力相协调。

同时，财政政策要有利于降低主体功能区举家迁移的“区域黏性”成本，让举家迁移模式逐步取代单一劳动力人口迁移模式，从根本上解决农村“留守儿童”和“空巢老人”等社会问题。

（二）政策工具

促进人口布局与主体功能区规划相协调的财政政策工具，是指国家为实现人口布局与经济集聚以及人口布局与环境资源承载力相协调的政策目标而采取的各种财政手段和措施。具体包括针对限制开发区的财政教育与培训投资，针对禁止开发区的移民安置与迁移补贴，针对迁移人口的基本公共服务支出，针对限制、禁止开发区的生态补偿与政府间转移支付制度等财政政策工具。

1. 针对限制开发区的教育与培训投资

财政教育与培训投资的实质是人力资本投资，在主体功能区建设背景下，减轻限制开发区人口压力，主要依靠政府引导、市场调节。人力资本投资能够促进“教育移民”，提高迁移者获取相对稳定职业和较高收入的能力，增加移民在迁入地的居住时间 n 和预期收入 R_1，实践证明“教育移民”也是最稳定和具有效率的移民方式。限制开发区包括生态功能区和农产品主产区，财政教育与培训投资重点包括两个方面：一是加大对生态功能区基础教育投入，提升高考录取率。生态功能区主要分布在中、西部地区，生态环境脆弱，人口超载现象严重，少数民族人口集中，且交通与信息闭塞、经济和教育水平落后。因此，国家要对生态功能区进行中小学合理布局，改善教育设施，提高教师待遇，吸引优质师资，保障其基础教育质量，提升高考录取率，促进“基础教育移民”。二是加大对农产品主产区的职业培训投资，促进农村剩余劳动力转移。随着农业机械化水平、资本有机构成和农业生产效率不断提高，农产品主产区出现大量剩余劳动力，因此当地政府必须组织专门的技能培训机构，有针对性地对青壮年农民进行职业培训，提高剩余劳动力在重点开发区的就业竞争能力，促进“职业培训移民”。

2. 针对禁止开发区的移民安置与迁移补贴

在主体功能区建设背景下，对于一些禁止开发区来讲，可能要涉及既定范围内的人口整体搬迁问题，尤其是在少数民族人口集聚地区，不能过分依赖市场调节，政府的行政动员和对迁移损失的直接经济补偿更具有实效。由于“区域黏性”成本不仅包括搬迁费用，还包括文化、习俗、气候等适应成本，尤其是在涉及少数民族人口迁移时，民族间文化、习俗等差异更大，在收入差异因素 (R_1-R_0) 既定的情况下，“区域黏性”成本 C 越大，迁移意愿越小。在涉及居民整体性搬迁的移民过程中，政府在确定迁移补贴标准时，一定要充分考虑到迁移的“区域黏性”成本 C，从理论上讲，政府补偿标准最低能够保证移民 NIP 不小于 0，才有可能产生移民意愿，这对维护整体移民搬迁过程中的社会稳定和民族团结而言非常重要。此外，财政要通过支持复垦农村宅基地等途径新增耕地面积，用新增耕地面积抵补城市建设和民族聚居区建设的用地指标，促进“城乡土地置换移民”和“民族区域生态移民”。

3. 针对迁移人口的基本公共服务支出

在主体功能区建设背景下，应当积极引导限制、禁止开发区的人口流向重点、优化开发区。然而，由于城乡分割体制，进城务工人员不能享受当地居民的住房、教育、医疗等基本公共服务，限制、禁止开发区的人口向重点、优化开发区迁移成本过高，进城务工人员身份遭受歧视，对城市文化的认同感或归属感不强，只能采取“离乡不离土”的方式，往返于就业地与户籍地之间，这也是农村“空巢老人”“留守儿童”等社会问题以及节假日的“民工流”等交通问题产生的根源。上述问题导致“区域黏性”成本 C 过大，阻碍了限制、禁止开发区的人口向重点、优化开发区流动。因此，目前，优化、重点开发区要通过提供无差别的基本公共服务，实现外来务工人员“市民化”。具体思路为：首先，财政要重点保障城市廉租房、经济适用房建设，增加义务教育和社会保障等公共服务项目支出，解决城市基本公共服务供给总量不足的问题。其次，取消户籍歧视制度，让外来务工人员无差别地享受当地居民的住房、教育、医疗、社会保障等基本公共服务，解决城市基本公共服务提供过程有违社会公平正义的问题。

4. 建立与完善农村宅基地退出补偿机制

目前，主体功能区举家迁移的“区域黏性”成本过高，单一劳动力人口迁移是我国主体功能区人口迁移的主要模式，以致产生了“留守儿童”“空巢老人”“留守妇女”等诸多社会问题。由于劳动力人口迁移的“区域黏性”成本主要包括居住净成本、迁移费用、基本公共服务、习俗、亲友情况等，其中居住净成本等于城市居住成本减去农村宅基地退出的变现价值。近年来，城市房价不断上涨，造成农民举家迁移到城市的居住净成本急剧上升，高房价已经成为一道阻碍很多家庭举家迁移难以逾越的门槛。因此，建立与完善农村宅基地退出补偿机制，通过城乡建设用地增减挂钩制度等，让农民获得“地票”收益，减少主体功能区举家迁移的居住净成本。

5. 针对限制开发区和禁止开发区的生态补偿与政府间转移支付制度

限制开发区和禁止开发区主要在中、西部地区，一般是经济相对落后地区，财政状况一般较差。在主体功能区建设背景下，限制开发区和禁止开发区的财政收支矛盾更加突出。一方面，限制开发区和禁止开发区不能如同重点开发区那样将草场、林地和农业用地转化为工业或商业用地，难以取得诸如土地出让金等土地财政收入，取消农业税以后，这些地区财政收入进一步减少，又不能发展价高利大的工业产业，其工商税收也会相继减少。另一方面，限制开发区和禁止开发区还要承担生态修复、环境保护、农田水利基本建设以及促进本地区人口转移等支出责任。限制开发区和禁止开发区的财力与事权严重不对称的矛盾，必然导致其无力促进“教育移民”、推进移民安置和迁移补贴。显然，限制开发区和禁止开发区的设立是为全国或区域范围内提供重要生态屏障或保障国家粮食供给安全，重点开发区和优化开发区理所当然应当对其提供生态补偿与政府间横向转移支付。

（三）政策传导机制

财政政策传导机制就是财政政策措施到财政政策目标的转换过程，这一过程需要特定的传导媒介使财政政策系统与经济环境进行信息交流，并通过特定的传导媒介的作用，把财政政策工具变量最终转化为财政政策目标变量。❶

促进人口布局与主体功能区规划相协调的财政政策传导机制，就是各个财政政策工具通过某种媒介的相互作用形成的一个有机联系整体，也就是教育与培训投资、移民安置与迁移补贴、基本公共服务支出、生态补偿与政府间转移支付制度等财政政策工具变量，经过收入、公共服务水平等媒介的传导，达到人口布局与经济集聚相协调、人口布局与环境资源承载力相协调的政策目标变量的复杂过程，揭示了促进人口布局与主体功能区规划相协调的财政政策体系的作用机理。

之所以将收入和公共服务水平作为财政政策工具变量最终转化为财政政策目标变量的媒介，是因为基于这样一个假设：人们都要追求高质量的生活，高质量的生活主要依赖工资等货币收入和政府提供的公共服务，人口迁移的主要目标是追求满意的收入和公共服务水平。因此，促进人口布局与主体功能区规

❶ 陈共．财政学[M]．第七版．中国人民大学出版社，2012：303.

划相协调的财政政策工具，最终还是要通过提高迁入地的收入和公共服务水平，以此作为媒介，促进人口在不同主体功能区之间合理迁移，实现既定的人口布局与主体功能区规划相协调的目标，即人口布局与经济集聚相协调、人口布局与环境资源承载力相协调。

（四）政策效应

推行主体功能区人口财政政策，能够有效解决传统模式下的盲目、无序的“候鸟式”城乡间人口流动，能够根据不同地区人口、资源与环境特点，引导限制、禁止开发区的环境超载人口或农村剩余劳动力向重点、优化开发区或城镇化地区有序转移，促进人口布局与主体功能区规划相协调。

在传统模式下，由于城乡分割的户籍制度，进城务工人员不能享受城市的住房、教育、医疗、社会保障等公共服务项目，农村劳动力向城市流动只是为了单纯追求经济收入。传统模式下的劳动力流动有两个重要特点：一是户籍不变，土地承包关系和宅基地保留，计划生育、教育、养老、医疗等公共服务项目由户籍地承担，是一种离乡不离土的“候鸟式”的迁移；二是以劳动力人口迁移为主，并非家庭人口的整体迁移，产生大量“留守儿童”“留守老人”等社会问题。同时，离乡不离土的劳动力迁移模式，劳动力对城市经济发展做了贡献，养老、医疗等公共服务成本仍由农村承担。显然，传统模式下农村劳动力迁移，并不能从根本上解决目前人口布局与经济、资源环境相冲突的矛盾。如图 5-1 所示。

在主体功能区建设背景下，积极运用财政政策，通过对限制、禁止开发区的人口教育、职业培训、安置补贴等措施提高迁移者的收入预期；通过对增加重点、优化开发区的公共服务支出，对外来务工人员提供非歧视性的公共服务，使其享受市民待遇，让其进得来、住得下、留得住。这样，就会改变传统模式下，仅有劳动力人口的季节性迁移现象，取而代之的是适应主体功能区规划要求的，以家庭为单位的整体性人口迁移，促使人口从一些经济比较落后、环境资源承载力较弱的限制、禁止开发区流出，流向一些经济较为发达、环境资源承载力较强的重点、优化开发区，促进各个主体功能区之间人口布局与经济集聚相协调、环境资源承载力相协调，即实现人口布局与主体功能区规划相协调。如图 5-2 所示。

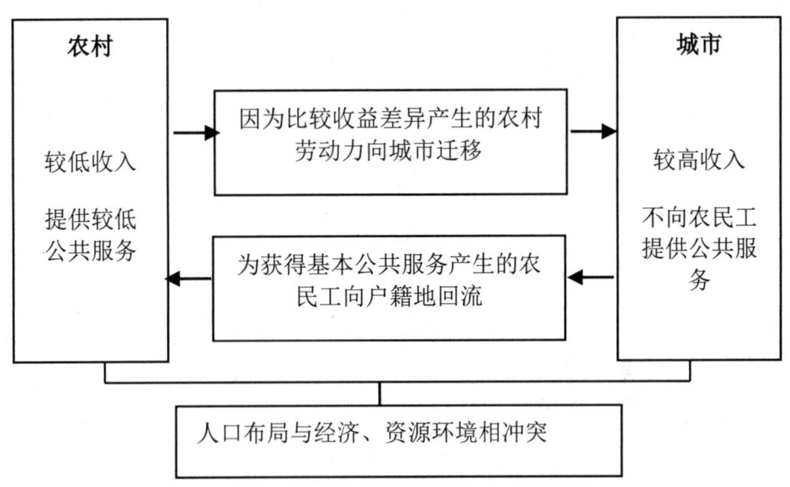

图 5-1　传统模式下农村劳动力流动效应

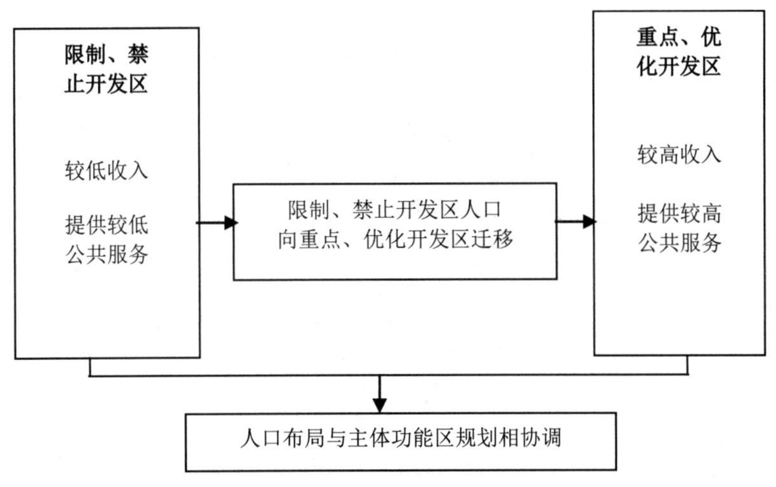

图 5-2　主体功能区人口财政政策效应

第六章　制约主体功能区人口有序迁移的财政政策因素

主体功能区人口合理布局主要借助两种机制：一是市场机制，二是政府机制。优化开发区和重点开发区借其经济和社会方面的先发优势和要素聚集效应，通过市场力量，吸引禁止开发区和限制开发区的人口迁入，这是人口合理布局实现的基础。政府主导的政策性人口迁移也是主体功能区人口合理布局的重要方式。无论是市场自发的人口迁移还是政策性人口迁移都不同程度地借助于政府机制的推动和引导，财政政策是政府机制中最核心的和最有力的工具。由于主体功能区的概念是我国率先提出的，尽管城乡人口迁移问题受到国外学者的广泛关注，但是尚无专门针对主体功能区规划背景下人口迁移的研究文献。国内学者也囿于对主体功能区之间人口跨区域迁移的必要性与可能性的研究，缺少对制约主体功能区人口合理布局的政策因素分析。现有的理论研究表明，制约人口迁移的因素很多，地区间的收入差距引起的人口迁移难以适应主体功能区规划要求。当前必须研究财政政策对主体功能区人口有序迁移的制约因素，以发挥财政政策的调控作用，促进人口迁移符合主体功能区规划要求，避免无序的人口迁移带来的负面效应。本书将围绕主体功能区人口合理布局这一主线，沿着人口迁移和布局的过程，即从人口迁出地到人口迁入地，以及迁移中所受阻力等环节分析现行财政政策的制约因素。显然，以户籍制为基础的财力配置机制、财政教育投入失衡、住房保障支出力度弱、社会保障统筹层次低、财政忽视就业培训等人力资本投资、退地农民跨区财政补偿机制设计缺失、土地出让收入在政府间的不合理分配以及转移支付制度的不合理安排等八大财政政策因素制约了主体功能区人口有序迁移及合理布局。研究并解决这些财政政策制约因素，可以最大限度地发挥财政对主体功能区人口有序迁移的引导及调控作用。

一、以户籍制为基础的财力配置机制，制约了人口有序流动

当前我国户籍管理制度不仅是人口管理和社会治安管理的基础，还捆绑了一系列社会福利权益，这些社会福利权益基本是通过财政支出活动加以保障，

户籍制成为政府财力配置的制度基础。主体功能区之间、不同城市之间及城乡之间，财力配置存在较大差异，居民社会福利权益的深度和广度大相径庭。非户籍人口的福利权益保障缺失，存在明显的不公。同时，“分灶吃饭”财政体制强化了与户籍相关的利益分配格局。突出表现在就业、社会保障、教育、医疗、住房等与公民切身利益相关的诸多福利权益与户籍相连。例如，城市居民子女能够进入地方政府提供财政补贴的城市公立学校，而进城农民工子女往往需要支付额外费用方能进入，或只能进入民办的打工者子弟学校。城乡分割的财力配置机制严重制约了举家迁移，现行的人口迁移基本是因为外出务工而产生的劳动力人口流动。根据国家统计局《2015 年农民工监测调查报告》提供的数据显示，2015 年农民工总量为 27747 万人，其中外出农民工 16884 万人，外出农民工中，跨省流动农民工 7745 万人。农民工是城市产业工人的重要力量，却由于户籍制度的限制，无法与城镇居民享受相同的基本公共服务，如养老、医疗、基础教育等。我国主体功能区之间人口“流而不迁”现象较为严重，人口流动没有伴随永久居住地的改变和户籍的迁移，并且主要表现为劳动力人口流动，而不是整个家庭人口的迁移，很多外出农民工只能季节性地往返于户籍地和就业地之间，呈“候鸟式”长途迁徙。由此引发的“空巢老人”“留守妇女”“留守儿童”等社会问题也日益严峻。根据国家卫计委发布的《中国家庭发展报告（2015 年）》，农村留守儿童占全部农村儿童的 35.1%，留守妇女占农村已婚妇女的 6.1%，留守老人占农村老人的 23.3%。其中，在 0 ～ 5 岁儿童中，22.4% 的儿童平均每周与父亲见面的次数为 0，14.8% 的儿童平均每周与母亲见面的次数为 0。

这种以户籍制为基础的财力配置机制，一方面有违社会公平正义的价值追求，另一方面制约了主体功能区人口有序迁移。主体功能区规划要求人口迁移、重新布局，而农村人口城市化是人口合理布局的主流之一，如何实现这一有序迁移？表面上看仿佛在于消除户籍障碍，实质上则是要改革捆绑于户籍之上的财力配置安排，将财力配置置于人口自由迁移这一前提下，形成开放的公平的财力配置机制，为人口有序迁移奠定基础。

二、财政教育投入失衡，使限制、禁止开发区人口迁出“推力”不足

根据主体功能区劳动力人口迁移的理论模型，年龄越小、教育水平越高的人群迁移动因越强（参见第五章“财政政策促进主体功能区人口有序迁移的理论依据”）。当前限制开发区和禁止开发区比较突出的问题是教育水平落后，其教育投入相对优先开发区和重点开发区而言明显不足。从空间上看，限制开发区主要分布在中、西部地区，其中国家级重点生态功能区 80% 以上都分布在西部地区，这些地区经济发展落后，地方政府可支配财力本就不足，与东部优化、重点开发区相比，对教育投入规模和比重都相对偏低。以青海省为例，2007 年财政预算支出完成 283 亿元，教育支出 34.5 亿元，为预算的 81.5%，占全部财政支出的 12.23%，增长 25.6%；2012 年财政支出完成 1188 亿元，教育支出 171.8 亿元，为预算的 98.7%，占全部财政支出的 14.46%，增长 32.1%。虽然教育支出呈现出较快增长，但与优化开发区和重点开发区中各省占全部财政支出的 20% 左右支出比例来看，投入差距仍较大❶。张耀军等利用 ArcGIS 软件为分析工具，以第五次人口普查数据为基础，以县为主体功能区基本行政单元的分析结果表明：全国各类主体功能区人口受教育年限差别较大，优化开发区、重点开发区、限制开发区人均受教育年限分别为 8.25 年、7.69 年和 7.43 年，三类主体功能区的总体人均受教育年限为 7.8 年❷。教育投入不足往往导致人口受教育水平低，适应市场变化和学习新岗位的职业技能的能力差，遇到较大就业压力，导致人口迁移障碍，使得作为人口迁移起点的限制开发区迁出“推力”明显不足。

---

❶ 青海省财政厅网站，http://www.qhcz.gov.cn/default.aspx。

❷ 张耀军，陈伟，张颖．区域人口均衡：主体功能区规划的关键 [J]. 人口研究，2010(04).

三、住房保障支出力度弱，阻碍了人口流入后的永久性居住

新家庭迁移理论认为个体的迁移决策是由家庭成员共同做出的，迁移的选择归结为一种最大化经济利益和最小化风险的家庭策略。人口的迁移行为不仅受个人预期收入的影响，更重要的还会受到家庭因素的影响。根据国家相关部门的统计表明，人口迁移中家庭迁移的意愿越来越强烈并逐渐成为主要趋势，这符合世界人口迁移的基本规律。❶

优化开发区和重点开发区是人口流入的目标区域，近年来，这两类区域住房价格始终居高不下，根据有关机构公布的调查数据，全国比较有代表性的 35 个大中城市中，2011 年深圳房价收入比重为 15.6%，广州房价收入比重为 9.8%，35 个城市中有 23 个城市的房价收入比重超出 6 ~ 7 的合理区间，超出合理区间城市的比重接近七成❷。这些区域的流入人口若想通过购房实现真正的永久性定居很有难度，长此以往会产生比较严重的城市贫民窟和人口半城市化等问题，不利于主体功能区人口合理布局的实现。流动人口的永久性居住问题短时期内依靠市场机制和个人力量很难解决，只能依靠政府机制，特别是住房保障制度。而现行住房保障制度刚刚起步，财政的住房保障支出力度弱，能提供的保障房数量很有限，很多地区未将保障范围扩大至外来流动人口，阻碍了人口流入后的永久性居住，使主体功能区人口合理布局在迁移终点受阻。将广大的流动人口包括在住房保障范围之内，符合公共服务均等化及新型城镇化的核心要求，也是促进主体功能区人口合理布局的关键所在。

当前，住房成本过高是制约主体功能区人口举家迁移的重要因素之一。因为越是对劳动力需求较大的优化、重点开发区城市，城市建设用地越是紧张，土地价格过高，引起高房价和高房租，阻碍了限制开发区人口以家庭为单位的

---

❶ 朱杰．人口迁移理论综述及研究进展 [J]. 江苏城市规划，2008(07).

❷ 全国 35 个大中城市房价收入比排行榜，搜狐焦点，http://sjz.focus.cn/news/2012-05-22/2007070.html。

迁移。很多劳动者都是一个人背井离乡，就业单位条件好的会提供集体宿舍，若就业单位不能解决住宿问题，为了节省居住成本，很多农民工或合伙租房，或住临时搭建的工棚，有的甚至住地下室、大桥底或楼道口。如果劳动者在就业地能够有住房保障，一个外出农民工就有可能带动一个家庭的迁移。而事实是政府住房保障支出力度弱，阻碍了主体功能区的人口迁移。

四、社会保障统筹层次低，制约了人口跨区域迁移

经过多年改革和发展，我国已经初步形成了以社会保险、社会救助、社会福利为基础，以基本养老、基本医疗、最低生活保障制度为重点，以慈善事业、商业保险为补充的社会保障制度体系框架。但目前的社会保障制度与我国大规模人口流动和迁移的现状并未完全适应，特别是在主体功能区的人口合理布局上，存在制度性障碍，比较突出的是社会保障统筹层次低。❶

我国社会保障体系是中央放权于地方，地方依本地财力大小试点而建立起来的。对原保障制度的路径依赖、城乡二元划分、地方分散决策等情况是当初制度改革和建设的事实前提，这些情况的存在使现行社会保障制度不可避免地呈现出“碎片化”状态。社会保障制度缺乏统筹规划、统筹层次低的问题主要集中在两个层面：一是难以突破不同级次行政区划藩篱的资金筹集本质层面，二是没有及时建立各保险制度衔接接续的技术手段层面。现实的情况是，国家机关、事业单位、企业分别按照不同的类别参加社会保险，不同区域之间、城市之间、城乡之间出现了很大差异，即使是在同一城市，不同的人群、不同所有制的单位，甚至在不同经济效益的企业之间都出现了各种各样的差异，造成社保体系“碎片化”和社保基金转移环节复杂，特别是城乡之间无法顺畅对接的矛盾。这既违背了社会保障所追求的公平公正原则，弱化了社会保障调节收入分配的功能，也直接造成主体功能区人口，特别是劳动者流动和迁移时面临事

❶ 贾康，马衍伟．推动我国主体功能区协调发展的财税政策研究[M]．经济研究参考， 2008(03).

务性成本高和社会保障权益受损的双重流动阻碍。❶

社会保障统筹层次过低，不仅阻碍了劳动力人口迁移，也影响到退休人口的迁移。比如，目前的医疗保险制度是按照属地原则建立的，各地都出台了一系列限制异地就医的规章制度，这不仅给在职人员异地就医的转诊、报销带来诸多麻烦，更主要的是限制了老年人自由选择居住地的权利。随着社会流动性的进一步加强，父母与子女异地工作的情况较为普遍，而父母年老或退休后如果要与子女生活居住在一起，地区分割的医疗保险制度就是其要面临的麻烦之一。显然，社会保障统筹层次过低，是造成社会保障资源地区分割和地方保护的根源。

社会保障统筹层次低的问题，根本上讲是地方财力失衡、财政体制调节能力不强以及制度创新不足造成的。显然，这类问题应在主体功能区的人口及其他各要素的合理布局中通过合理的财政制度安排加以解决。

五、财政忽视就业培训等人力资源投入，使主体功能区人口合理布局受阻

主体功能区的合理人口布局应与城镇化的步伐相协调，应伴随着农村剩余劳动力人口迁入城市这一必然过程。以双重劳动力市场理论来分析，在城市存在两种人力资源市场：一种是正规部门的主要人力资源市场，特点是对雇员教育水平、技术能力要求较高，并提供较好的工资待遇和相应的福利政策；另一种是非正规部门的次要人力资源市场，一般提供较低的工资待遇，不稳定的工作环境，并且缺乏良好的发展前景。通常情况下，主要人力资源市场都被城镇本地居民所占据，而从落后地区或农村迁入的劳动力则只能在次要人力资源市场谋职，填补本地劳动力的结构性空缺。从当前农村劳动力的就业情况看，农村移民虽然通过进城务工增加了收入，但是由于未受到良好的人力资源培训，

❶ 李晓蕙．中国区域经济协调发展研究[M].知识产权出版社,2009.

不能适应管理性的和技术性的岗位，更多地求职于建筑业和制造业等劳动密集型行业。建筑业和制造业工作岗位的作业环境较差、需求量大、比较高危，这种边缘性就业状态使农村转移劳动力很难获得稳定的就业，流动性强，很难融入城市生活，降低了身份转变的预期，增加了主体功能区人口合理布局的难度。

近年来，我国财政一直安排有就业专项资金。2010 年，财政就业专项资金支出中，职业介绍补贴、职业培训补贴、职业技能鉴定补贴等具有促进性质的支出项目仅占 14%。大量资金用于保障性支出项目，虽然可以暂时安置部分就业困难人员就业，但这部分困难人员很难转化为正常就业，不能根本上提高人力资源质量和促进就业；而促进性项目支出过低，特别是有针对性的、对农村转移劳动力的人力资源培训少，农村务工者大多通过自发的、同乡间的师徒模式完成职业培训。这意味着就业专项资金对提升劳动者特别是农村劳动力的职业技能和就业能力方面的作用有待进一步加强。

此外，我国失业保险制度的就业促进功能不强，失业保险金支出主要用于发放失业保险金，被动应付失业人员基本生活保障问题，没有积极用于支付职工培训、搬迁补贴、交通补贴等鼓励异地就业的措施。因此，失业保险金支出范围过于狭窄，主动促进异地就业的功能不足，也是导致就业培训等人力资源投入不足，阻碍主体功能区人口迁移的因素之一。

六、退地农民跨区财政补偿机制设计缺失，农村移民利益受损，阻碍了人口迁移

土地问题是制约农村剩余劳动力迁移的又一因素。土地是农民最重要的生产要素，虽然农民选择进城务工，但土地仍然是他们生活的根本保障，同时城市化进程中，土地呈现出明显的价值增值的趋势，农民的人口合理布局以解决好土地利益为基本前提。我国土地制度具有明显的城乡二元特征，农村土地集体所有制和家庭联产承包责任制使农民与土地的利益关系基本固化，土地成为

已经进城务工农民和其他剩余农村劳动力迁移的羁绊。彻底释放农村人口，实现由农村到城市的迁移，实现政府主导的规划性迁移和以市场机制为依托的自主性迁移，理顺土地利益关系是关键。农民如果预期人口迁移使自身面临失去土地或者土地收益，就会很容易放弃迁移决策。目前我国大量存在的农民工身份无法转换的“半城市化”现象，农民土地利益未获得补偿，农民自身不愿意完成身份转化，即是原因之一。

主体功能区人口布局中，农民迁移后土地如何处置？退地农民利益如何保障？到目前为止没有制度上的安排。当前，由于缺少规范有效的农村宅基地退出补偿机制，无疑增加了退户农民的迁移成本，造成户籍城镇化率过低，也降低了限制开发区人口有序向重点开发区转移的积极性。农村宅基地退出补偿机制不健全，对主体功能区人口迁移的具体影响主要表现为以下几种情况：第一种是整个家庭人口不迁移、不流动，固守在贫困地区，仅靠微薄的农业收入，继续过着贫困的生活，这种情况主要发生在重点生态功能区，尤其是老少边穷地区或深度连片贫困地区较为普遍；第二种是家庭青壮年劳动力人口外出打工，老人、小孩或妇女留守在农村，这些农民工“候鸟式”季节性地往返于城市和农村之间，外出务工收入成为这些农村家庭收入的主要来源或重要补充，这种情形既会造成城市农民工生活质量过低，也会造成农村“留守儿童”“留守妇女”“空巢老人”等社会问题；第三种是有些外出就业或创业比较成功的家庭，在城市有稳定的职业和稳定的收入，也有稳定的住所，全部家庭人口都居住在城市，但是造成大量宅基地闲置和耕地抛荒。显然，建立健全农村宅基地、耕地退出补偿机制，增加退户农民收入，既是提高户籍城镇化率和提高城镇化质量的需要，也是促进主体功能区人口有序迁移的需要。

七、现行土地开发过程中土地出让收入在政府间的分配和使用做法，不利于人口布局

从 2007 年开始，国家对土地出让收入管理制度进行了改革，将全部土地出

让收入缴入地方国库，纳入地方政府性基金预算管理，与公共财政预算分开核算，专款专用。

目前的做法是：土地出让收入缴入国库后，市县财政部门先分别按规定比例计提国有土地收益基金和农业土地开发基金，缴纳新增建设用地土地有偿使用费，余下的部分统称为国有土地使用权出让收入。新增建设用地土地有偿使用费实行中央和省两级 3 ：7 分成，专项用于土地整治及其他相关支出。

土地出让收入是地方政府重要财源，现行的新增建设用地土地有偿使用费主要是在土地开发地和中央政府间分配，这一分配格局只考虑了土地出让收入在地方和中央的利益分配。在主体功能区人口合理布局的背景下，人口迁入地政府随着人口迁入，土地开发面积将不断增加，土地出让收入不断增加，财政收入随之增加。人口迁出地随着人口迁出，来自土地开发的收入会大幅缩减，地方财力也会大幅缩减。而迁入地的土地出让收入所得本质上是源于迁入地和迁出地共同的贡献，迁出地在主体功能区布局中放弃了既得利益，因此这部分收入由迁入地独占不利于主体功能区人口合理布局的顺利实施。

在土地出让收入的使用方面，政策规定是要确保足额支付征地拆迁补偿费用、土地出让前期开发支出、破产或改制国有企业职工安置费、对被征地农民社会保障的补助等成本补偿性支出，在此基础上再安排农村基础设施建设、农田水利建设、教育、农业、土地开发整理、城市基础设施建设等开支。在主体功能区人口合理布局的背景下，根据最基本的受益原则，迁入人口未能享有土地出让收入的利益，土地出让收入用途的安排缺少对迁入人口的关注，不利于公平地推进主体功能区战略。

对于通过征收农村土地方式取得建设用地，必须补充相应的耕地，才能实现耕地“占补平衡”，从而保证坚守 18 亿亩耕地红线。随着大量土地资源被开发利用，未利用土地逐步减少，耕地补偿对城乡建设用地增减挂钩的依赖越来越强。从国家层面来看，是因为农村减少了建设用地面积，城市才得以增加建设用地面积，是土地开发权从农村转移到了城市。因此，从本质上来讲，国有土地出让收入是土地开发权出让收入，通过增减挂钩形式取得的国有土地开发权，本来属于农村建设用地开发权。而且，随着城镇化不断推进，农村人口不断减少，城市人口不断增加，也是城乡建设用地增减挂钩得以持续推进的内在逻辑。所以，国有土地出让金收入使用要有利于促进主体功能区人口迁移，一是要加大对退出宅基地等减少农村建设用地行为的补偿力度；二是要对退出宅基地在城市买房的农户予以补贴。另外，也要统筹安排好建设用地指标，一是将城市利用建设用地指标与新增转移就业人口挂钩，鼓励重点开发区集聚人口的积极性；二是要处理好工业建设用地与居住建设用地的关系，防止住房建设用地供给不足，造成房价过高，影响人口迁入。

八、现行转移支付制度安排不适应主体功能区人口合理布局的要求

随着主体功能区人口合理布局的实施，各类功能区之间将会出现较大范围和较大程度的财力失衡，转移支付制度无疑是现行以分税制为基础的财政体制解决财力失衡问题的最佳选择。

在全国主体功能区规划出台之前，中央财政从2008年开始在均衡性转移支付项下设立国家重点生态功能区转移支付。2010年，随着《全国主体功能区规划》颁布，财政部以均衡性转移支付标准收支缺口为依据，通过提高转移支付系数的方式，对《全国主体功能区规划》中限制开发区域（重点生态功能区）、三江源以及南水北调水源地等452个县、市实施国家重点生态功能区转移支付。在《2011年中央对地方均衡性转移支付办法》中，均衡性转移支付资金分配的公式为：某地区均衡性转移支付=（该地区标准财政支出－该地区标准财政收入）× 该地区转移支付系数＋增幅控制调整＋奖励资金。这一公式通过“该地区转移支付系数”一定程度体现了主体功能区布局中的基本公共服务均等化要求。随着主体功能区规划的深入实施，人口布局会带来人口迁入地和人口迁出地之间更加复杂的财政利益冲突。当前的均衡性转移支付考虑的只是国家重点生态功能区，人口迁移布局等深层次问题还未被考虑。此外，“增幅控制调整”和

“奖励资金”还未考虑主体功能区人口布局的影响。

均衡性转移支付是以促进地区间基本公共服务均等化为目标，专项转移支付则能够更好地体现中央政府的意图。从当前的情况看，2010 年、2011 年均衡性转移支付项目中，国家重点生态功能区转移支付总额均为 300 亿元，除此以外，其他一般转移支付项目以及专项转移支付项目未对主体功能区人口布局进行统筹考虑，因此，转移支付制度缺乏主体功能区思维，有可能成为制约主体功能区人口布局的重要因素。

上述分析总括起来主要集中在三大方面：首先是财政支出结构问题。伴随主体功能区人口合理布局的推进，支出结构的调整和优化还有很大空间，迁入地和迁出地存在不同的财政制约，应区别考虑。其次是财政体制问题。集中体现在迁入地和迁出地之间的财政利益协调上。最后就是公共服务均等化问题。这一问题是前两个问题的延伸和结果。围绕这三大方面解除财政政策对主体功能区人口布局的约束，可以最大限度发挥财政政策的调控作用。

第七章　促进人口布局与主体功能区规划相协调的财政政策

本章根据我国主体功能区人口分布现状及其存在的问题，提出要促进限制开发区（包括农产品主产区和重点生态功能区）的农村剩余劳动力和生态超载人口有序向外迁移，考虑我国部分优化开发区中心城区人口聚集程度过高，已经达到或超过当地的环境资源承载力，主张引导人口向重点开发区流动，保持优化开发区人口相对稳定，要促进全国统一的劳动力市场形成。同时，产业发展和土地供给等都是影响和制约主体功能区人口迁移的重要因素。为此，本章就如何促进人口、产业和城乡建设用地等要素在不同类型主体功能区之间合理配置以及完善限制开发区宅基地退出补偿方案等，提出相应的财政政策建议。

一、促进限制开发区人口移出的财政政策

我国限制开发区包括农产品主产区和重点生态功能区，根据第二章“全国主体功能区人口分布状况”的统计结果，我国限制开发区存在15966.81万农村人口亟待向外转移。依照“政府引导、市场调节、自由流动”❶的原则，财政政策的有效实施，对降低限制开发区人口迁移的“区域黏性”成本，促进人口合理迁移将会起到重要作用。为此，财政政策要有利于鼓励限制开发区农民进城落户和退出农村土地，有利于促进限制开发区人口就近转移和跨区域转移相结合，引导限制开发区少数民族人口向民族自治区域重点开发区有序迁移。

（一）积极探索农地产权制度改革，建立鼓励进城农民“转户退地”的财政政策

很多进城农民在城市已经有稳定住房、稳定收入，成为事实上的城市居民，但是进城农民“转户退地”的积极性越来越低，除了对“转户农民”的退地补偿标准过低以外，更重要的是与现行的农村土地产权制度有关。现行农村“一元”土地产权制度诱发了“户籍人口迁移悖论”。为此，财政政策要积极支持农

❶ 山东省中国特色社会主义理论体系研究中心社科规划研究课题组．完善制度 促进人口合理流动［N］．人民日报理论版，2012-05-04（007）．

村土地产权制度改革，要积极探索新的农村土地产权制度，提高进城农民“转户退地”的积极性。

1.探索建立农地“二元”产权制度，消除“户籍人口迁移悖论”

因为“户籍人口迁移悖论”的存在，进城农民“转户退地”意愿过低，不仅导致户籍城镇化率降低，更主要的是导致大量宅基地和承包地的闲置（关于“户籍人口迁移悖论”的论述，详见第三章“主体功能区人地关系矛盾”中“二、主体功能区人地关系矛盾成因”，此处不再赘述）。为此，本书提出建立农村土地“二元”产权制度的设想。建议摒弃农村土地归集体“一元”所有的传统思想，将继续留在农村的农户的宅基地、承包地界定为集体所有，将进城落户家庭自愿退出的宅基地、承包地界定为国家所有，这样就形成农村集体土地和农村国有土地并存的农地“二元”产权制度。若将退户农民自愿退出的宅基地、承包地界定为国家所有，而不是限定为退户农民所在的原集体所有，就会消除未“转户退地”农民在第三轮承包期中享有“三权”份额增加的预期，从而降低农村户籍人口迁移的区域黏性，促进户籍人口城镇化率，更重要的是有利于提高土地资源利用效率。这是因为，在农地“二元”产权制度下，一是有利于鼓励进城农民自愿“转户退地”，逐步解决当前宅基地和承包地的“人地分离”问题，避免土地闲置；二是政府可以通过将国有土地与集体土地互换等方式，逐步解决当前农村土地集体“一元”所有情况下导致的大量土地碎片化问题，有利于实现农业规模化经营；三是国有农地（耕地）经营权由政府向全社会公开招标、有偿出让，有利于通过市场化手段提高农地的使用效率；四是通过政府与经营者直接签订长期农村土地承包经营合同，有利于解决当前农村土地流转不规范带来的各种矛盾和纠纷，也能鼓励经营者对土地的长期投资；四是增强了政府集中统一配置土地资源的调控能力，例如，当产生一些公共设施和重大基础设施建设用地需求时，政府可以通过国有农地与集体农地就近等量等质互换的形式，弥补农户的被占用农地，从而减少当前土地征用过程中产生的诸多矛盾与纠纷。

必须指出，我国《宪法》《土地管理法》等规定：我国土地实行社会主义公有制，即全民所有制和劳动群众集体所有制两种形式。将部分“转户农民”自愿退出土地纳入国有土地，只是公有制内部两种形式之间的转换，没有改变土地公有制性质，且有利于维护农民利益。我国长期使用的土地征用制度就是将集体土地改变为国有土地的先例，因此，探索建立农地“二元”产权制度，并不存在法律上的冲突。另外，改革之初，市场经济不发达，土地是农民主要生产资料，农业是农民的唯一收入来源，农民离不开土地，农村集体土地承包经营关系适应了当时农业生产力发展的需要。目前，市场经济相对发达，农民对土地依赖很弱，劳动力大量流向城市，农村土地承包权人与耕种人分离，而且土地承包到户造成土地“碎片化”，不利于土地长期投资和规模化经营。因此，农村集体土地承包经营关系已经不适应现代农业生产力发展需要了，探索建立农村土地“二元”产权制度模式，正是适应了新时期深化农村制度改革的需要。本书建议先在部分地区试点农村土地“二元”产权制度模式，以期在试点过程中逐步将其完善。

2.建立财政“转户退地”补偿基金，提高进城农民转户退地的积极性

应当说，“转户农民”将土地退给政府，而非退给集体，有利于明确地方政府在“转户退地”中的职责。由于我国限制开发区生态超载人口或农村剩余劳动力主要集中在中、西部地区，这些地区农村集体经济组织没有足够的财力对“转户农民”进行退地补偿，这也是导致进城农民“离乡不离土”，造成农村宅基地闲置和耕地抛荒或低效利用的根本原因。因此，建议建立财政“转户退地”补偿基金，专项用于农户退地补偿、土地整治、复垦和再利用等方面支出，基金主要来源于地方政府财政专项拨款、国有农地（耕地）经营权出让收入、城乡建设用地增减挂钩指标跨区域转让收入以及上级政府补助等。

（二）增加对限制开发区教育的财政投入，促进部分人口跨区域迁移

我国限制开发区主要集中在中、西部地区，限制开发区人口出生率高，人口超载严重，受教育年限短、文化水平低，接受新鲜事物的能力弱，人口迁移黏性成本较大。例如，我国三类主体功能区的总体人均受教育年限为 7.80 年，其中优化开发区、重点开发区、限制开发区人均受教育年限分别为 8.25 年、7.69 年和 7.43 年，显然，相较于其他各类主体功能区，限制开发区人口受教育年限最短❶。一般而言，跨区域人口迁移成本较高，但是根据人力资本收益模型，青年人的跨区域迁移的动因较强（具体参见第五章“财政政策促进主体功能区人口迁移理论依据”）。因此，增加对中、西部限制开发区的教育投入，尤其是重视青年人的教育投入，更能促进人口跨区域迁移，从而有利于减轻中、西部限制开发区人口超载的压力。

然而，我国中、西部限制开发区多为欠发达地区，地方财力相对不足，师资水平和教学设施条件等方面都比较落后。根据《国务院关于推进中央与地方财政事权和支出责任划分改革的指导意见》（国发〔2016〕49 号）的精神，要逐步将义务教育、高等教育确定为中央与地方共同财政事权，并明确各承担主体的职责。因此，本书认为，应先将中、西部限制开发区的义务教育作为中央与地方共同财政事权。在限制开发区内部也要按照先重点生态功能区后农产品主产区、先贫困县后非贫困县、先西部后中部的顺序，逐步将义务教育、高等教育确定为中央与地方共同财政事权。在此基础上，中央政府要增加对中、西部限制开发区的基础教育的财政投入，提高基础教育水平，同时，要求东部发达地区高校应增加对中、西部限制开发区的招生计划。我国高等教育已经逐步迈向大众化阶段，高考毛入学率还会进一步提高，提高限制开发区基础教育质量，必将有利于

❶ 张耀军，陈伟，张颖．区域人口均衡：主体功能区规划的关键 [J]. 人口研究，2010(04).

提高这些区域的高考入学率，让更多青年通过接受高等教育方式，离开农村，走向城市。必须指出，这些年，随着农村劳动力人口不断流出，一些地方农村中小学生源日趋萎缩，农村基础教育面临的矛盾，是由过去的数量不足，转变为质量不高。因此，应当把重点放在提高限制开发区基础教育教学质量上，做好学区整合，改进教学设施，改善教学条件，提高教师待遇，使一些教学水平高的教师能够引进来、留得住，逐步缩小城乡基础教育质量上的差距。其次，各级政府要增加对中、西部限制开发区各县（区）中等职业教育的财政投入，提高限制开发区各县（区）中等职业教育水平，同时，政府还应主动充当限制开发区中等职业学校与东部重点开发区企业之间的纽带，为限制开发区各县（区）中等职业学校提供市场人才需求信息，大力提倡订单式培养，有针对性地为东部发达地区培养蓝领工人。显然，“教育移民”有利于提高中、西部限制开发区青少年人口的就业竞争、文化融入和社会适应能力，提高跨区域人口迁移的效率。

（三）增加对限制开发区重点开发镇的财政体制补助，积极引导部分人口就近城镇化

相对于跨区域的长途人口迁移，限制开发区人口就近转移成本较低，文化冲突也较小。当前应当结合主体功能区规划的实际情况，积极运用财政政策，引导限制开发区人口就近转移。在各个省级主体功能区规划中，对一些以县为基本单元的限制开发区都选择了城镇化基础较好、环境资源承载力较强的镇作为重点开发镇。例如，《安徽省主体功能区规划》就在皖南省级重点生态功能区选择了10个县（市、区）的17个镇作为省重点开发镇，在黄淮海平原南部地区、长江流域下游地区以及江淮丘陵地区等国家级农产品主产区选择40个县（市、区）的116个镇（实验区、试验区）作为重点开发镇。

为此，一方面，要加大对限制开发区重点开发镇的交通、环保、通信等基础设施和基本公共服务投入，改善人居和投资环境，提高文化、教育、卫生以及社会保障水平。另一方面，要发挥当地资源优势，通过财政信用、财政贴息或税收

优惠等政策，促进地方特色经济和生态产业发展，促进就业和改善居民收入。然而，当前中、西部地区限制开发区乡镇财政收支矛盾突出，只有增加对限制开发区重点开发镇的财政体制补助，才能使其有足够的财力提高集聚人口的能力。因此，本书认为，重点要完善政府间转移支付制度，在一般性财政转移支付制度测算公式中，要更多考虑到限制开发区在保障国家生态和粮食安全上的贡献；同时在专项转移支付制度设计上，要体现对限制开发区的倾斜，免除贫困地区专项转移支付资金的配套要求，增加对重点开发镇的基础设施的专项投入。

（四）采取差别化财政扶持政策，引导民族区域人口有序迁移

按照《全国主体功能区规划》，我国西部的藏中南地区、天山北坡地区、北部湾地区、宁夏沿黄经济区、呼包鄂地区等五个重点开发区主要位于民族自治区域[1]，这些重点开发区周边都是少数民族人口集聚的重点生态功能区和农产品主产区，从迁移成本、民族文化习俗等因素考虑，应当重点引导限制开发区的少数民族人口向这些民族自治重点开发区域流动。由于少数民族人口迁移率相对较低、分布相对凝固化，因此，政府在引导人口迁移的资金支持上，应有别于其他地区，要加大对人口迁移的财政补贴力度。同时，在民族自治重点开发区域的教育、文化、医疗以及基础设施建设等方面，要体现民族特色，尊重民族习惯；利用税收优惠政策，积极发展民族特色产业，支持发展适应本民族生产、生活需要的特色产业。

二、提高重点开发区人口集聚能力的财政政策

由于我国重点开发区人口集聚能力不强，导致人口迁移方向与主体功能区规划目标相背离。一是人口过度向环境资源承载力开始递减的优化开发区中心城市、计划单列市或省会城市迁移，而一些位于重点开发区的城镇化基础较好、

[1] 王静文，周鹏．“人口、劳动力流动与空间集聚”全国学术研讨会暨人口学类专业期刊交流会会议综述[J].人口与经济，2015，(6)：123-125.

环境资源承载力较强的一些中小城市人口集聚能力不强，人口慢增长、零增长或负增长现象严重。二是一些重点开发区户籍城镇化率低，外来民工市民化程度较低，成为城市边缘人口，严重制约了城镇化质量。财政政策应着力于消除农村的人口迁移黏性，增加城市的住房、就业与基本公共服务供给，降低进城农民市民化门槛；扭转优质公共资源过度向行政级别高的大城市集中趋势，引导人口向中小城市和小城镇迁移。具体财政政策建议如下。

（一）改革土地出让金分配和使用制度，增加重点开发区保障性住房投资

毋庸置疑，城市房价过高成为进城农民市民化的最大门槛，而导致城市房价过高的主要原因是土地成本过高（一个基本事实就是政府收取的土地出让金价格过高，这也导致地方政府对土地财政的依赖程度越来越高）。重点开发区是我国重点进行工业化、城镇化建设的重点地区，土地开发潜力较大，国有土地出让金收入在地方政府财政收入占比较高。土地出让金收入与土地供求关系直接相关，一般经济发展越快的地区的城市建设用地需求越大，国有土地出让金收入越多，地价就越高，房子就越贵。很多城市经济增长很快，但是对人口的集聚能力并不强。这是因为城市规划中，政府为了完成 GDP 考核任务或者热衷于搞 GDP 竞赛，习惯于将更多的土地作为工业用地，这样有利于增加工业用地供给，降低工业用地价格或成本，便于招商引资。如此一来，新增建设用地指标一定的情况下，工业用地供给越多，就会导致居住性建设用地供给不足，导致商品住宅价格过高，增加了进城农民工市民化的成本。

为此，要改革重点开发区现行的土地出让金分配和使用制度，按照规定比例用于增加保障性住房投资，重点保障“转户退地”农民对经济适用房、廉租房等的优先租购权，尤其是要保证以优惠价格或成本价格销售给“转户退地”的农民工家庭，以增强重点开发区城市人口的集聚能力。同时，为了提高重点开发区城市增加保障性住房投资建设的积极性，国家应将新增建设用地指标与

吸纳“转户退地”人口数量相挂钩，以保障重点开发区吸纳“转户退地”人口的建设用地供给。另外，重点开发区保障性住房建设选址要合理规划，尤其是要注意选择在新增就业人口较多的工业园区或产业园区附近，以方便外来新增就业人员租购入住。

（二）构建以人口为基本因素的政府间转移支付制度，提高重点开发区基本公共服务水平

由于教育、养老、医疗卫生、就业与社会保障等基本公共服务支出规模都与人口数量直接相关，重点开发区是国家未来新的经济增长极和人口集聚地，按照主体功能区家庭迁移的理论模型，影响非劳动力人口迁移的“区域黏性”成本除了居住成本、迁移成本外，还要重点考虑基础教育、医疗卫生、养老保障等基本公共服务因素（具体参见第五章“财政政策促进主体功能区人口迁移理论依据”）。但是，目前中、西部地区的重点开发区经济相对落后，地方财政相对困难，与东部发达地区的优化开发区相比，人均教育、医疗卫生财政支出等明显偏低，导致很多中、西部重点开发区的中小城市呈现人口慢增长、零增长或负增长的局面。通过财政转移支付制度促进人口向目标区域有序迁移，在一些国家已经有过成功的先例。比如，为了引导人口向北海道、东北、山阴以及九州等“过疏”地区迁移，1962 年，日本制定《新产业城市建设促进法》，对因为减免事业税、不动产所得税、特别土地税以及固定资产税等导致“过疏”地区财政减收部分，中央政府用地方交付税对“过疏”地区进行弥补[1]（注：日本中央政府的地方交付税相当于我国中央对地方的财政转移支付）。

为此，我们提出如下建议：一是应将促进重点开发区建设与国家实施西部大开发战略振兴东北老工业基地战略以及中部崛起战略等结合起来，中央政府对地方的财政转移制度设计，要考虑到重点开发区建设采取的财税优惠政策导

[1] 金和春，郝永志．日本国土整治规划译文集[M]. 大连理工大学出版社，1988：118-120.

致地方政府的减收因素。二是要逐步形成以人口为基本因素的均等化政府间财政转移支付制度，实现政府间支出责任与财力相匹配的财政体制，重点保障重点开发区新增转移人口在教育、养老、医疗卫生、就业与社会保障等方面享受真正的市民化待遇。以基础教育为例，应将目前的农民工子弟学校纳入公办学校系列，使其在财政拨款、教师编制等方面享有同公立学校同等待遇，取消当前"盛行"的择校费，让农民工子女就近入学，这不仅有利于提高重点开发区城镇化质量，更能有效调动重点开发区吸纳更多"转户退地"人口的积极性。三是一些分布在中西部地区的重点开发区，经济基础相对薄弱，在基础设施建设、土地征收、房屋拆迁、居民安置等资金落实上困难较大，无力承担大规模的建设任务，因此需要考虑安排一定的专项财政转移支付资金，助力重点开发区实现城市扩容，提高人口集聚能力。

（三）增加对重点开发区的基础设施投入，改善投资环境，提高人口和产业集聚能力

重点开发区的主体功能定位是重点进行工业化和城镇化建设，在工业化、城镇化初期阶段，要重点加强对重点开发区的交通、通信、环保以及供水、供电、供气等基础设施投资建设，通过改善投资环境、吸引投资，加快工业化建设，以产业发展带动就业增加，以就业促进"转户退地"人口的迁入。通过增加基础设施投入，引导人口合理布局也是发达国家的常用手段。例如，为了引导向南部、西部"阳光地带"迁移，1965年美国《阿巴拉契亚区域开发法》规定，联邦拨款应主要用于基础设施建设，增加对公共设施项目提供援助❶。二次大战以后，为了提高北海道、东北、山阴以及九州等"过疏"地区的人口与产业承载力，日本政府一方面加强对"过疏"地区基础设施投资❷，另一方面制定税收优

❶ 滕海键．美国西部开发中的制度创新及其对我国西部开发的启示[J]．北京大学学报（哲学社会科学版），2002(S1)．

❷ 宋东旭．日本区域政策解析及其对中国开发西部的启示[J]．理论探讨，2004（2）．

惠政策引导民间资本对“过疏”地区开发[1]，对日本完成全国国土综合开发规划，促进人口分布、产业布局与生态环境相协调起到了重要作用。

为此，我国的交通、水利等建设规划要与国家主体功能区发展战略结合起来，优先考虑中、西部欠发达地区重点开发区建设与发展的需要。在此基础上，考虑到中、西部重点开发区地方财力情况，对欠发达地区的一些重大基础设施建设项目，要增加中央政府投入的比重，尽量免除欠发达地区政府配套资金投入的要求。同时，要制定优惠的财税政策，鼓励民间资本介入重点开发区的交通、通信、环保以及供水、供电、供气等基础设施投资，以缓解政府资金投入不足的压力。

三、实现优化开发区保持人口相对稳定的财政政策

我国一些优化开发区中心城区人口已经达到或超过环境资源承载力的上限，部分中心城区甚至需要降低人口的集聚度，缓解城市人口压力。因此，本书认为要保持优化开发区的中心城区人口相对稳定。

（一）加强对优化开发区卫星城市的投资，疏解优化开发区人口

与现行的行政体制和财政分配制度相联系，我国各类优质资源通常是向行政级别较高的城市集中，优化开发区的大城市既是行政中心，也是经济中心，更是文化、教育、科研、医疗中心，承担的功能过多，超过了环境资源承载力，人地矛盾凸显，房地产刚需引发的价格上涨压力大[2]。同时，房地产的预期价格与其配套的基础设施、公共服务等相联系，优质的教育、医疗、文化等公共资源过度向优化开发区的大城市集中，诱发更多的人口向大城市迁移，进一步推动房地产价格上涨。

为此，结合国家和地方主体功能区规划，在优化开发区周边的重点开发区，

[1] 秦俊勇．世界各国如何开发落后地区 [J]. 小康，2005（4）。

[2] 李嘉楠，游伟翔，孙浦阳．外来人口是否促进了城市房价上涨？——基于中国城市数据的实证研究 [J]. 南开经济研究，2017(01).

选择若干环境资源承载力较强、工业化城镇化基础较好的小城镇，加强基础设施建设，实施“据点式”开发，将其建设成为优化开发区的卫星城市，作为优化开发区的城市功能疏散区。对卫星城市要合理规划，坚持城乡建设规划、土地利用规划、环境保护规划、交通建设规划等“多规合一”，通过政府直接投资或PPP（政府和社会资本合作）模式引导民间资本对重点开发区卫星城市的基础设施投资，改善交通、供水、供电、供气、供暖、环保、通信等基础设施条件，将优化开发区的高等学校、医疗卫生、科研机构、国有企业总部等迁移到卫星城市，疏解优化开发区的人口压力。同时，为了提高卫星城市吸纳优化开发区人口迁入的积极性，应将其享受的土地政策、产业政策、财税政策等与吸纳优化开发区迁入人口数量相挂钩。

（二）采取财政补贴等激励措施，鼓励优化开发区高技术人才向中西部地区迁移

一方面，我国众多的顶尖高校和科研院所主要集中分布在优化开发区的中心城市，相较而言，一些中、西部地区重点开发区由于缺乏高端人才，严重制约了当地的社会经济发展。另一方面，改革以来，我国实行的是非均衡区域发展战略，导致东、西部之间收入差距过大。例如，2015年，东部最发达地区城镇居民人均可支配收入比西部最贫困地区高出29000元以上，前者是后者的2倍以上[1]。东西部地区之间收入差距的加大，又引发人口向收入较高的东部发达地区流动。美国在经济发展早期，也出现人口与产业在北部的五大湖流域高度集聚，产生环境污染、水土资源紧张、交通拥挤、房价过高等严重社会经济问题。为此，美国政府引导东北部五大湖流域人口和产业向西部、南部的“阳光地带”转移，对从北部地区迁出的家庭和投资者予以补贴，如给迁移户发放迁移补贴费、住房补贴费、就业培训费等。联邦政府对人口迁移的积极引导，极

[1] 邬琼．我国贫富差距的现状及原因分析．国家信息中心网站，http://www.sic.gov.cn/News/455/8377.htm##s2.

大地缓解了北部地区人口与环境压力，20 世纪 60 年代，大批科学家、工程师、专业技术人员和熟练工人从北向南迁移，到 20 世纪 70 年代，南移的劳动力达 500 万左右。❶

为此，我国要鼓励中、西部地区重点开发区政府制定优惠的人才发展战略，在住房补助、工资待遇、配偶就业安置以及子女教育等方面提供财政补贴和优惠待遇。同时，应借鉴美国经验，将促进东部优化开发区优秀人才向中、西部重点开发区转移上升为国家战略，中央政府应当制定规范的人才转移战略规划，设立中央财政人才转移专项资金，重点支持优化开发区的重点高校优秀毕业生和重点开发区发展高端制造业急需的专业技术人才向中西部地区迁移。

（三）实行主体功能区差别化财税政策，形成促进优化开发区产业外迁的倒逼机制

本书认为，当前形势下，只要能够提供足够的就业岗位，人口就会继续向优化开发区集中。东部沿海地区的优化开发区发展初期，产业进入的门槛并不高，尤其是集中了一批传统的劳动密集型产业，对城市造成了很大的人口压力。同时，一些地方还不同程度存在“三高一资”产业❷，加剧了城市的环境压力。二战以后，日本人口与经济的高度集中，形成了以东京、大阪和名古屋等为中心的“三大都市圈”，因为交通阻塞、环境污染、住房拥挤等问题，这些地区被称为“过密”地区。为了鼓励“过密”地区产业和人口向“过疏”地区转移，日本政府采取了相应的差别化税收政策。例如，根据 1972 年制定的《工业再布局促近法》，日本对“过密”地区的企业开征工厂逐出税，引导产业向“过疏”地区转移❸。

因此，本书认为应当根据主体功能区规划要求，研究制定“国家优化开发

❶ 薛建刚，张国坤 . 美国政府缩小地区经济差距的财政政策 [J]. 四川财政，1996（11）.

❷ “三高一资”产业是指高成本、高污染、高能耗、资源型产业。

❸ 金和春，郝永志 . 日本国土整治规划译文集 [M]. 大连理工大学出版社，1988：39.

区产业结构调整指导目录”，应当积极运用差别化财政政策，鼓励优化开发区的产业向重点开发区域转移，引导人口向重点开发区迁移。首先要采取差别化的水资源税、土地使用税、环境保护税等政策，提高优化开发区“三高一资”产业的税收负担和进入门槛，积极引导企业向重点开发区进行产业转移。其次，对优化开发区劳动密集型企业向重点开发区搬迁提供必要的财政补贴，并注重财政政策与土地政策、投资政策等有效结合，助力企业利用土地置换带来的土地差价收益以及财政搬迁补贴等改进设备性能和技术装备，提高企业整体竞争力，以产业集聚带动就业增加和人口集聚。

四、促进全国统一劳动力市场形成的财政政策

目前，由于社会福利制度与户籍制度挂钩、社会保险统筹层次过低、农地土地产权制度改革滞后以及就业信息不畅等原因，阻碍了全国统一的劳动力市场形成。

（一）改革户籍制度，将社会福利与户籍脱钩

我国目前是世界上少数保留户籍制度国家之一，由于我国社会福利制度与户籍制度相挂钩，户籍制度限制了各类主体功能区之间人口自由迁移。很多来自限制开发区包括农产品主产区和重点生态功能区的进城农民工及其家属不能享受城镇居民的教育、医疗卫生、住房以及就业与社会保障等基本公共服务，很多老人、妇女、儿童被迫留守在农村，造成大量劳动力人口与赡养人口、抚养人口相分离。有些农民工家庭虽然将子女带入城市，但是因为在义务教育、公共卫生、住房以及就业和社会保障等方面受到的歧视，使他们成了城市边缘群体。例如，农民工子女上学难，有的被迫交了高额的择校费，有的只能上没有政府拨款的农民工子弟学校或私立学校，教育质量也难以保证。

为此，我们建议彻底将社会福利与户籍制度相分离。因为，从公共财政理论的角度来看，税收是公共产品或公共服务的价格，教育、医疗卫生以及就业

与社会保障的提供主体应该是纳税所在地政府，农民工为城市创造财富和税收，农民工家庭在城市居住和消费也会直接或间接承担税费负担，他们事实上是城市的纳税人或税收负担人，城市就应当无差别地为农民工家庭提供与城市居民家庭无差别的社会福利。户籍制度的基本功能是便于政府对人口的控制与管理，社会福利只是被人为附加在户籍制度之上。当前，在大量户籍地和居住地相分离的情况下，进城农民户籍地与纳税地不一致，纳税地一般同居住地或工作单位所在地一致。因此，建议明确户籍制度的功能定位，逐步将社会福利与户籍制度脱钩，将农民工家庭的工作地或居住地城市作为向其提供基本公共服务的责任主体，从而保证农民工家庭享受到城市居民家庭无差别的社会福利，逐步消除主体功能区之间人口迁移的体制或制度障碍。

（二）改革社会保障制度，提高社会保障统筹层次

目前，我国社会保障制度与大规模人口迁移的现状并未完全适应，特别是在不同类型主体功能区之间的人口有序迁移上，还存在一些制度性障碍，比较突出的是社会保障统筹层次低的问题。[1]社会保障统筹层次过低，不仅阻碍了劳动力人口在职期间的迁移，也影响到退休人口的迁移。比如，目前的医疗保险制度是按照属地原则建立的，各地都出台了一系列限制异地就医的规章制度，事实上是人为设定的地方医疗资源保护壁垒，这不仅给在职人员异地就医的转诊、报销设置了障碍，带来了诸多麻烦，也限制了老年人自由选择居住地的权利。随着社会流动性的进一步加强，父母与子女不在一个地方工作的情况较为普遍，而父母年迈或退休后如果要与子女生活居住在一起，地区分割的医疗保险制度就是老年人口需要面对的麻烦之一。显然，社会保障统筹层次过低，是造成社会保障资源地区分割和地方保护的根源。

造成社会保障统筹层次过低的原因在于各地经济发展水平和地方政府财力

[1] 贾康，马衍伟．推动我国主体功能区协调发展的财税政策研究[M]．经济研究参考，2008(03).

差异以及中央政府的调控性财力不足。根据《国务院关于推进中央与地方财政事权和支出责任划分改革的指导意见》（国发〔2016〕49号）的精神，基本养老保险、基本医疗和公共卫生、城乡居民医疗保险以及就业等应逐步确定为中央与地方共同财政事权。目前，应优先将基本养老保险和城乡居民基本医疗保险作为中央与地方共同事权，明确中央与地方政府的支出责任，逐步提高统筹层次，从而为主体功能区人口跨区域迁移减少阻力。

（三）搭建就业公共服务平台，保证就业信息畅通

长期以来，由于政府职能的缺位，求职人员无法得到有效的技能培训和就业信息，让一些非法的劳务输出机构和黑中介乘虚而入，严重侵害了有外出务工需求的人员利益。因此，建议一些劳动力人口富余的限制开发区县（市）政府人力资源和社会保障部门，要搭建地方就业公共服务平台，既要掌握本区域劳动力人口信息和求职意愿，也要及时搜集了解一些重点开发区对劳动力需求情况，保证就业信息畅通。劳务输出地人力资源管理部门，应当依据本地劳动力的传统流向，结合国家区域发展规划，选择适合本地劳动力输出的目标区域，并在目标区域设立就业信息联络机构，主要负责搜集就业信息、联系目标区域人力资源和社会保障部门以及主要用工单位，作为劳动力输出地与输入地之间纽的带，互通劳务输入地和输出地之间劳动力供求信息，为本地求职者提供就业信息服务，促进主体功能区之间劳动力有序迁移。

上级财政对限制开发区的资金补助要与当地政府组织劳动力输出情况紧密挂钩，对就业信息服务机构搭建就业信息平台提供资金和技术支持，对组织大型劳务输出招聘活动、免费就业指导培训等提供必要的人员、场地和资金支持，劳务输出地政府人力资源管理部门应通过就业信息网络平台及时向当地农民提供就业信息，随时接受居民咨询。如图7–1所示。

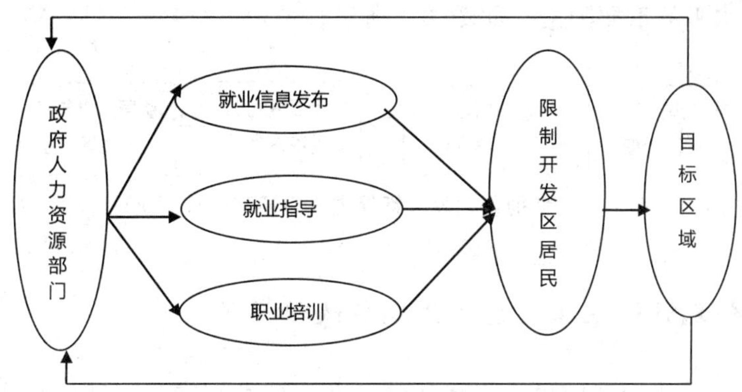

图 7-1　主体功能区劳动力转移就业服务流程

五、促进主体功能区人口合理迁移的差别化税收政策

劳动力、资本和土地是生产的三大基本要素，人口迁移与产业的转移方向和集聚程度密切相关。在市场经济条件下，税收是调节生产要素流向及区域经济发展的重要工具。本书认为税收政策必须适应主体功能区建设的需要，但是不能沿袭传统的区域税收优惠政策的老路子，应该实施主体功能区差别化税收政策，以促进不同类型主体功能区分工明确，发挥各自比较优势，实现人口、经济和生态服务在空间上的优化配置。

（一）主体功能区差别化税收政策促进人口流动的作用机理

在市场经济条件下，人口迁移的基本动因是追求个人或家庭福利最大化，按照人口迁移的经典理论，经济收入或货币因素在影响人口迁移的诸因素中起基础性或决定性作用。因此，为实现人口布局与主体功能区规划相协调的目标，就必须建立与主体功能区发展战略相配套的产业政策，以产业引导就业，以就业引导人口迁移。税收政策是宏观调控的重要工具，对于促进主体功能区产业政策具有重要作用。因此，税收政策对人口流动的作用机理可以概括如下：工资等收入差异引起人口由低收入地区向高收入地区迁移，区域间工资等收入差异是由区域间经济发展水平的差异决定的，区域税收政策则是调节和影响区域间经济发展水平的重要因素。如图 7-2 所示。

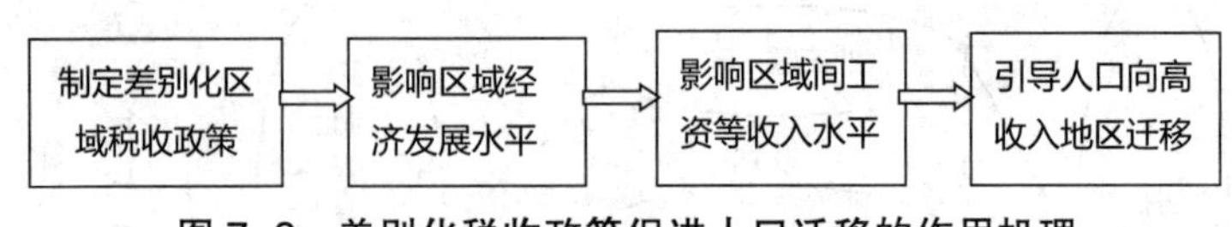

图 7-2 差别化税收政策促进人口迁移的作用机理

（二）传统区域税收优惠政策及其认识误区

传统上一般认为区域税收优惠政策存在的理由有二：一是从经济效率角度出发，通过制定税收优惠政策引导资源向具有一定资源禀赋优势的区域集聚，实现规模效益递增；二是从经济公平角度出发，通过制定区域税收优惠政策引导资源向落后地区流动，以达到缩小区域经济发展差距过大问题的目的。但是，就目前而言，在我国，很多区域性税收优惠政策已经失去了存在的条件，或者说传统区域税收优惠政策存在认识上的误区。

首先，从经济效率角度出发的区域税收优惠政策失去了存在的前提。在改革开放初期，我国经济发展水平总体落后，社会总供给严重不足，资金、人才、技术以及基础设施等严重匮乏，通过实施区域税收优惠政策，引导国内外生产要素向经济特区和沿海开放城市汇集，发挥了资源的空间集聚优势，使沿海经济特区和沿海开放城市成为我国改革开放以来的重要经济增长极，极大地提高了经济效率，这无疑是符合当时国情需要的。现在，我国东部沿海地区一些经济发达城市，由于人口和经济等要素的过度集聚，环境资源承载力开始下降，导致交通拥挤、环境污染、土地资源稀缺、房地产价格过高和居民生活成本上升，由改革开放初期的城市规模效益递增阶段转变到目前的规模效益递减阶段。因此，从经济效率角度出发的沿海特区和开放城市的区域税收优惠政策已经失去了存在的前提。必须指出，改革初期对沿海经济特区和沿海开放城市采取优惠政策，是在全国资金严重短缺和物资严重匮乏的特定背景下的正确选择，目前我国已经发展成为世界第二大经济体和第一制造大国，由供给不足转变为产能过剩，目前已经没有对特定区域制定优惠政策的必要，不再出台新的效率优先的区域税收优惠政策也体现了维护市场公平竞争原则。

其次，从经济公平角度出发的区域税收优惠政策的认识误区。有不少人认为，改革开放初期沿海特区和开放城市享受了很多税收优惠政策，东部地区经济的发展是以牺牲中、西部地区的利益为代价的，现在我国区域之间经济发展严重不平衡，应该对中、西部的一些落后地区实施区域税收优惠政策，以缩小区域间经济发展差距。笔者以为，当前需要转变区域协调发展观念，区域协调发展不是盲目追求区域间经济总量的差距缩小，而是促进地区间人均收入和基本公共服务均等化。实际上，除了政策性因素以外，区域之间经济发展不平衡还由自然环境、气候、地理位置等多种因素决定，由于区域间的资源禀赋条件不同，区域间经济发展存在差异是世界普遍规律，但是各国都通过实现人口布局和经济布局的基本一致，实现区域间人均收入差距缩小，从而促进区域协调发展。例如，日本区域经济发展水平差异很大，仅由东京、名古屋、大板等构成的三大都市圈就集中了日本大概65%左右的经济，四国、九州和北海道等很多地区都是经济相对落后的地区，但是通过相应的人口政策，日本三大都市圈集中了全国60%的人口，基本上实现人口布局与经济布局相协调❶。在我国，很多经济落后的地区实际上都是生态环境比较脆弱的地区，而且承担着全国或区域性的生态安全或生态屏障职能，其本身也不适宜进行大规模的经济开发，因此，在主体功能区规划中属于重点生态功能区，其主要功能是提供生态服务；有些地区虽然生态环境承载力较强，但是承担着国家粮食供给安全的职能，被规划为农产品主产区，其主要功能是提供农产品。因此，目前应当引导重点生态功能区的环境超载人口和农产品主产区的农村剩余劳动力向城镇化地区流动，并通过建立均等化的财政转移支付制度，促进区域间人均收入和基本公共服务均等化，从而实现区域协调发展。在我国现存的大量区域性税收优惠政策中，

❶ 杨伟民.关于推进形成主体功能区的若干问题[N].中国经济导报，2007年7月3日，第B02版.

有些既违背了税收公平原则，也不符合国家主体功能区规划战略。仅以西部大开发税收优惠政策为例，其实西部很多地区都属于重点生态功能区，是不适合大规模开发的，有些地区更需要生态保护。因此，建议停止出台新的有悖生态保护的所谓公平性区域税收优惠政策，并逐步取消不利于生态屏障保护和国家粮食安全的区域性税收优惠政策。

（三）主体功能区差别化税收政策及其功效

传统的区域税收优惠政策是按照经济区域划分进行的，例如，为了鼓励经济特区和沿海开放城市率先发展而制定的优惠税收政策，为了缩小区域经济发展差距而制定的东北振兴、西部大开发等税收优惠政策。主体功能区是基于各地环境资源承载能力不同进行的区域功能划分，按开发方式区分为优化开发区、重点开发区、限制开发区和禁止开发区，按开发内容区分为城市化地区、农产品主产区和重点生态功能区。显然，主体功能区不同于一般的经济区域，而是根据不同区域的环境资源承载能力来确定其比较优势，再根据其比较优势确定各个区域的主体功能定位或主要发展任务，从而实现在全国疆域范围内人口、经济和生态的空间配置最优。例如，将经济比较发达但环境资源承载力开始下降的地区规划为优化开发区，将环境资源承载能力较强且具有一定工业基础的地区规划为重点开发区，将农业生产条件较好和工业基础相对薄弱的地区规划为限制开发区的农产品主产区，将生态环境比较脆弱而且承担重要生态屏障功能的地区规划为限制开发区的重点生态功能区。为此，对于每一种类型的主体功能区，国家都要根据区域主体功能分工，确定要鼓励其重点发展什么产业或活动，或限制其发展什么产业或活动。

与此相对应，对不同类型主体功能区要采取差别化的税收政策，即对符合区域主体功能定位的经济行为采取激励性税收政策，对与区域主体功能定位相悖的经济行为则采取抑制性税收政策。例如，优化开发区和重点开发区都属于城镇化地区，但是在优化开发区，税收政策要促进经济增长方式由粗放型向集约型转变，应注意将税收的激励性政策和限制性政策有机结合，要以限制性税收政策为主、激励性税收政策为辅，主要是征收比其他区域更高的环境资源税费，抑制那些资源、能源消耗量大和高污染排放的产业发展；同时辅之以一定的税收优惠政策，激励科技创新、产业升级和循环经济发展。在重点开发区，对劳动密集型产业要采取激励性的税收政策，以增强其人口和经济的集聚能力，形成重要的人口和经济密集区。又如，限制开发区包括农产品主产区和重点生态功能区，在农产品主产区，税收政策要向农产品加工和贸易产业倾斜，引导农产品加工、流通、储运企业向主产区聚集。在生态功能区，要禁止任何有环境污染、生态危害的生产活动，在不损害生态系统功能的前提下，税收政策要向旅游、农林牧产品生产和加工、服务业、观光休闲农业等产业倾斜。

显然，主体功能区差别化税收政策，既不同于传统的区域税收优惠政策，也不同于单纯的产业税收优惠政策，突破了片面注重区域间经济总量平衡调节的传统观念，同时将生态环境质量改善和国家整体竞争力提升作为调节目标，是激励性税收政策和抑制性税收政策的有机结合，有利于促进不同类型主体功能区分工明确，发挥各自比较优势，实现人口、经济和生态服务在空间上的优化配置。

（四）国外促进人口合理布局的差别化税收政策的经验与启示

1.国外促进人口合理布局的差别化税收政策

美国和日本在经济发展早期，也出现人口与产业的高度集聚，造成率先发展区域产生环境污染、水土资源紧张、交通拥挤、房价过高等严重社会经济问题。但是，美国政府通过差别化税收政策引导东北部五大湖流域人口向西南部转移，日本政府则通过差别化税收政策引导“过密”地区（三大都市圈）人口向“过疏”地区转移。

在美国历史上，东北部的五大湖及大西洋沿岸是全美主要人口与经济集聚区，也导致这些地区产生高污染、高地价和高失业问题，而西部和南部地区则是环境资源承载力较强、土地资源非常丰富和劳动力成本较低。20世纪60年代，美国联邦政府采取了一系列差别化税收政策，引导东北部人口和产业向西部和南部迁移。例如，美国联邦宪法（The Constitution of the United States）赋予州及地方政府相对独立的税收立法权，西部和南部地区各州都依此制定了相对优惠的税收政策。同时，联邦政府也对南部地区投资者提供税收和信贷优惠等❶。通过差别化税收政策的实施，西部和南部地区各州的产业和人口集聚能力得到很大提升，在1960—1980年，西部和南部地区非农就业人数分别增加了99%和104.6%，远超全美平均水平，而同期东北部只增长了31.3%。❷

二战以后，日本人口与经济高度集中，形成了由东京、大阪和名古屋等为中心的"三大都市圈"，因为交通阻塞、环境污染、住房拥挤等问题，这些地区被称为"过密"地区。北海道、东北、山阴以及九州等地区，则成为人口的流失、土地撂荒、经济衰退的"过疏"地区。为了鼓励"过密"地区产业和人口向"过疏"地区转移，日本政府采取了相应的差别化税收政策。例如，根据1972年制定的《工业再布局促进法》，日本对"过密"地区的企业开征"工厂逐出税"，引导产业向"过疏"地区转移❸。19世纪60年代，日本政府为了加强对北海道、东北等"过疏"地区的开发，对在"过疏"地区进行投资建厂的企业免除事业税、固定资产税和不动产取得税等税收❹。1962年制定《新产业城市建设促进法》，对因为减免事业税、不动产所得税、特别土地税以及固定资产税等导致"过疏"地区财政减收部分，中央政府用地方交付税对"过疏"地区进行弥补❺。日本差别化税收政策有效遏制了"过疏"地区人口和产业过度向"过密"地区转移的趋势。

❶ 薛建刚，张国坤．美国政府缩小地区经济差距的财政政策[J]．四川财政，1996(11).

❷ 李铁堆、岳学鲲，美国促进区域经济协调发展的财政政策及其启示【J】．中国财政，2008年第9期．

❸ 金和春，郝永志．日本国土整治规划译文集[M]．大连理工大学出版社，1988：39.

❹ 秦俊勇．世界各国如何开发落后地区[J]．小康，2005(4).

❺ 金和春，郝永志．日本国土整治规划译文集[M]．大连理工大学出版社，1988：118-120.

2. 对我国的启示

差别化税收政策能够引导人口合理流动，其既可以对人口引出区域实施抑制性的差别化税收政策，也可以对人口引入目标区域采取激励性的差别化财税政策；通过差别化税收政策引导资本或产业流动，资本或产业流动会影响区域间就业率与收入水平，就业率与收入水平带动人口在区域间的迁移；对于因为实施差别化税收政策引起地方税收的减少，应通过上级政府的财政转移支付弥补。

（五）对当前实施主体功能区差别化税收政策的几点具体建议

《全国主体功能区规划》于2010年就颁布了，但是至今还没有针对不同主体功能区定位制定相应的差别化税收政策。为此，笔者提出几点主体功能区差别化税收政策建议。具体如下。

1. 优化开发区应实行差别化的环境资源税费制度

目前，国家级的三大优化开发区普遍面临土地资源紧张、污染严重问题，“环渤海”和“珠三角”地区水资源短缺，“环渤海”和“长三角”地区存在严重的大气污染，尤其是土地资源供给紧张引发的畸高房价以及环境污染造成的雾霾天气，已经严重影响到优化开发区广大人民群众的生活质量和身体健康，促进优化开发区节水省地、节能降耗、降污减排迫在眉睫，税收政策责无旁贷。首先，要制定差别化的环境性税费制度。应当将污染边际治理成本或环境的负外部成本等作为环境税费的确定标准。三大优化开发区的污染物排放已经严重超出了环境容量的上限，导致水污染、大气污染和土壤污染的治理难度和治理成本日趋上升，然而当前收取的排污费仅相当于治污成本的20%左右，变相鼓励了污染产业的发展，也导致治污资金来源不足。例如，根据国家环保部公布的《2013年环境统计年报》，我国环境污染治理投资总额为9037.2亿元，仅占

GDP的1.59%，而世界银行要求我国环保投资占GDP比例在2%以上。为此，只有建立和完善环境税费制度，才能有效促进企业清洁生产、节能减排，降低优化开发区的环境污染程度。以大气污染税收为例，国际上关于空气污染税收主要包括碳税和硫税，可以考虑先开征碳税，以后再考虑征收硫税；率先在优化开发区进行碳税试点，条件成熟再向重点开发区推广；先向企业征收碳税，以后酌情对个人征收；开始使用较低税率征收，逐步按照边际治污成本征收。其次，要制定差别化的资源性税费制度。应当按照资源的稀缺性程度确定优化开发区的环境资源税费标准。“环渤海”地区的水资源不到全国平均的十分之一，三大优化开发区的房地产价格是中、西部地区的数倍，因此对这类地区的工业用水和工业用地等收取的各类资源性税费要与之相匹配，不能继续维持在与其他类型的主体功能区同一税费负担层次。建议通过对优化开发区进行税收加成、税（费）率上浮等限制性税费政策措施，淘汰一批“三高一资”等落后产业，引导部分产业向重点开发区转移。必须指出，有些人担心提高环境资源税费会增加一些企业负担，但是我们要从国家大局看问题，例如，华北地区雾霾日趋严重，一些炼钢厂却一方面大量耗用国家“南水北调”工程运来的水，另一方面又向天空排放出大量污染物，数亿人的利益和健康受到损害。因此，提高优化开发区的环境资源税费，就是要通过合理的环境资源税费制度形成促进企业转型升级的倒逼机制。

2.重点开发区应实行促进就业的差别化税收政策

按照主体功能区规划的定位，重点开发区要形成重要的人口集聚地和经济密集区，税收政策要鼓励重点开发区积极吸纳限制开发区的生态超载人口和农村剩余劳动力，尤其是要鼓励重点开发区发展劳动密集型企业，增加社会就业人数。但是目前缺乏促进重点开发区积极吸纳劳动力就业的税收政策设计，有些税收政策设计甚至与此目标背道而驰。以对小微企业的税收优惠政策为例，众所周知，在新增市场主体里面，大部分是中小微的企业和私营企业，而小微企业是吸纳就业的主力军，在重点开发区应该大力鼓励小微企业发展。为了促进小微企业发展，目前对小微企业也制定了相应的税收优惠政策。然而目前对小微企业的认定标准依据的是《中华人民共和国企业所得税法实施条例》第九十二条，其中对从业人数的认定标准是：工业企业的从业人数不超过100人；其他企业的从业人数不超过80人。显然，对小微企业做从业人数的门槛设定，不利于调动小微企业增加就业岗位的积极性，更主要的是抑制了劳动密集型小微企业发展，与国家提倡的“大力发展小微企业，以创业促进就业”的初衷相背离。为此，笔者建议，在重点开发区取消将从业人数作为小微企业认定标准的规定，考虑到重点开发区在城镇化建设过程中要节约利用资源，可以考虑将占用土地面积作为一项认定标准，即小微企业的认定标准依据应纳税所得额、资产总额和占地面积等三项指标。

3. 限制开发区要实行差别化的税收返还政策

限制开发区包括农产品主产区和重点生态功能区，主体功能区是以县为基本规划单元，一些水土条件较好的传统农业大县多数被规划为农产品主产区，主要是提供农产品，承担着国家粮食安全的职责；而那些生态环境比较脆弱的山区、高原、荒漠或者江河上游的水源地地区都被规划为重点生态功能区，主要是提供生态服务，承担着国家生态安全的职责。在农产品主产区和重点生态功能区，国家应该主要鼓励其发展以农、林、牧、渔业为主的生产、加工和服务业，或者从事一些有利于当地生态环境保护的相关产业。由于比较收益较低，国家对农、林、牧、渔业等相关产业采取了一系列税收优惠政策，例如规定企业从事农、林、牧、渔业项目所得免、减征企业所得税，规定公司 + 农户企业、农产品 + 工业和旅游业等可以享受所得税优惠政策，对在西部投资兴办从事江河湖泊综合治理、防洪、防涝、灌溉、供水、水资源保护、水力发电、水土保持、河流疏浚、河海堤防建设等开发水利、防治水害的企业减免所得税，等等。然而，农产品主产区和重点生态功能区大多是分布在中、西部地区的贫困县，经济比较落后，尤其是农业税取消后，县乡财政更加困难，规划为限制开发区以后，收益较高的经济开发项目受到限制，而对农、林、牧、渔业的税收优惠（其中相当比例的税收优惠属于地方税部分），直接减少了地方财政收入。笔者认为，农产品主产区和重点生态功能区，承担着国家粮食安全和生态安全，在区域间具有正的外部性，对这些区域从事农、林、牧、渔业及保护生态环境的相关产业采取的税收优惠，应该完全由中央政府承担，应将其并入到中央对地方的税收返还基数之中，实行中央对限制开发区差别化的税收返还政策，这对提高农产品主产区和重点生态功能区发展农业生产和保护生态环境的积极性，将会发挥至关重要的作用。

六、促进主体功能区间城乡土地置换的财政政策——以皖江城市带为例

随着限制开发区人口向重点开发区迁移，导致城市化地区建设用地短缺与乡村化地区建设用地闲置的现象并存，造成城乡之间人地关系矛盾加剧。因此，本书主张通过主体功能区之间城乡土地置换，即对主体功能区之间非农建设用地和农用地的等量等质互换，可以实现城市化地区建设用地增加的同时减少乡村化地区建设用地，实现全国耕地总量不减少、建设用地总量不增加。主体功能区间城乡土地置换包括两种形式：一是通过城乡建设用地增减挂钩周转指标的形式实现互换，二是通过以地易地的折抵形式实现互换。本题以皖江城市带为例，说明主体功能区之间城乡土地置换的必要性及其相应的财政政策选择。

（一）皖江城市带主体功能区之间城乡土地置换的必要性

2010 年 1 月国务院批复《皖江城市带承接产业转移示范区规划》，皖江城市带规划范围为安徽省长江流域，包括合肥、芜湖、马鞍山、铜陵、安庆、池州、滁州、宣城八市全境和六安市金安区、舒城县。在《全国主体功能区规划中》皖江城市带寓于长江流域国家级农产品主产区之中，与江淮地区国家级重

点开发区范围大体一致。根据《安徽省主体功能区规划》，皖江城市带承接产业转移示范区的 58 个县（市、区），❶其中 29 个县（区）被规划为重点开发区、29 个县（市）被规划为限制开发区。皖江城市带重点开发区建设用地供给不足与限制开发区建设用地闲置并存。

一方面，皖江城市带重点开发区建设用地供给不足。皖江城市带建设用地需求量较大，预计 2015—2020 年城镇建设用地将增加 130 千公顷，年增长率为 10.53%。❷皖江城市带重点开发区经济与人口集聚能力较强，近些年集聚的流动人口较多，2014 年常住人口 1448.30 万人，户籍人口 1526.8 万人，常住人口大于户籍人口 78.5 万人，居民点及工矿用地相对不足，仅为 368.18 千公顷，由于缺乏新增建设用地，发展空间受限，且房价过高。皖江城市带未利用地面积较小，主要分布在生态环境问题突出区域，总体质量较差，环境脆弱，适宜开垦土地极其有限。尤其是皖江城市带重点开发区，经过前些年大规模的土地整理和造田造地，目前可整理开发的土地后备资源已严重不足，而且今后还要承担大量退耕还湖、退耕还林任务。因此，皖江城市带重点开发区土地资源紧张状况在相当长的时间内难以改变。

另一方面，皖江城市带限制开发区建设用地闲置。皖江城市带限制开发区包括江淮丘陵国家级农产品主产区、沿江平原国家级农产品主产区、大别山区国家级重点生态功能区以及皖南山区省级重点生态功能区，人口流出较多，由于农村宅基地等要素无法变现，户籍人口黏性较大，2014 年户籍人口 1648.18 万人，常住人口 1395.6 万人，户籍人口超出常住人口 252.58 万人，而居民点及

❶ 2010 年国务院批复《皖江城市带承接产业转移示范区规划》，皖江城市带包括合肥、芜湖、马鞍山、铜陵、安庆、池州、巢湖、滁州、宣城九市，以及六安市的金安区和舒城县，共 59 个县（市、区）。2011 年国务院批复同意撤销地级巢湖市，2015 年国务院批复同意将铜陵县与铜官山区合并为义安区，皖江城市带包括八市，共 58 个县（市、区）。

❷ 根据黄金碧等的研究结果，2015—2010 年皖江城市带将新增建设用地 1300.46km^2，换算约为 130 千公顷。黄金碧，冯长春．基于 DEA 模型优化的城镇建设用地需求预测——以皖江城市带为例 [J]. 城市发展研究，2013（11）：77.

工矿用地 460.64 千公顷，导致居民点及工矿用地大量闲置。

因此，皖江城市带解决城镇化建设用地不足问题，主要应依靠盘活现有存量建设用地，尤其需要盘活现有闲置的居民点及工矿用地。皖江城市带主体功能区居民点及工矿用地与人口分布具体情况见表 7–1。

表 7–1 皖江城市带主体功能区居民点及工矿用地与人口分布情况

主体功能区类型及其范围	居民点工矿用地（千公顷）	户籍人口（万人）	常住人口（万人）
重点开发区包括 29 个县（市、区）：庐阳、瑶海、蜀山、包河、肥西、肥东、镜湖、弋江、鸠江、三山、无为、繁昌、花山、雨山、博望、当涂、和县、铜陵郊区、铜官、义安、枞阳、贵池、迎江、大观、宜秀、琅琊、南谯、宣州、金安	368.18	1448.30	1526.8
限制开发区包括 29 个县（市）：长丰、来安、全椒、定远、凤阳、明光、天长、巢湖、庐江、舒城、芜湖、南陵、含山、东至、桐城、怀宁、宿松、望江、郎溪、广德、太湖、岳西、潜山、石台、青阳、泾县、旌德、绩溪、宁国	460.64	1648.18	1395.6
总计：58 个县（市、区）	828.82	3096.48	2922.4

数据来源：《安徽省主体功能区规划》《安徽统计年鉴 -2015》

（二）皖江城市带城乡土地置换潜力测算

本书以常住人口居民点及工矿用地均衡为假设前提，即区域间建设用地占用面积应与常住人口数量完全正相关（相关系数为 1），以居民点及工矿用地替代建设用地，用以测算皖江城市带限制开发区与重点开发区之间城乡土地置换潜力。

设皖江城市带全部常住人口为 CZR，其中重点开发区常住人口为 CZR_Z、限制开发区常住人口为 CZR_x；皖江城市带全部居民点及工矿用地为 JGD，其中重点开发区居民点及工矿用地为 JGD_Z、限制开发区居民点及工矿用地为 JGD_x；重点开发区均衡的居民点及工矿用地为 $JGD_Z{}^*$，限制开发区均衡的居民点及工矿用地为 $JGD_X{}^*$。

则有：

① $JGD/CZR = JGD_Z{}^*/CZR_Z = JGD_X{}^*/CZR_X$

② $JGD = JGD_Z + JGD_X = JGD_Z{}^* + JGD_X{}^*$

③ $CZR = CZR_Z + CZR_X$

于是：

④ $JGD_Z{}^* = (JGD/CZR) \times CZR_Z$

⑤ $JGD_X{}^* = (JGD/CZR) \times CZR_X$

将表 7-1 数据带入④⑤计算得出：

$JGD_Z{}^* = (JGD/CZR) \times CZR_Z = (828.82/2922.4) \times 1526.8 = 433.01$（千公顷）

$JGD_X{}^* = (JGD/CZR) \times CZR_X = (828.82/2922.4) \times 1395.6 = 395.81$（千公顷）

因此有：

$JGD_Z{}^* - JGD_Z = 433.01 - 368.18 = 64.83$（千公顷）

$JGD_X{}^* - JGD_X = 395.81 - 460.64 = -64.83$（千公顷）

显然，$JGD_Z{}^* - JGD_Z$ 表示重点开发区增加居民点及工矿用地面积，$JGD_X{}^* - JGD_X$ 表示限制开发区减少居民点及工矿用地面积。也就是说，在区域常住人口居民点及工矿用地均衡的假设条件下，限制开发区应当通过对闲置和废旧居民点和工矿用地进行复垦，减少建设用地面积 64.83 千公顷，增加耕地面积 64.83 千公顷；相应地，皖江城市带重点开发区应当通过有偿方式购买限制开发区的城乡建设用地结余指标，从而可以增加建设用地面积 64.83 千公倾，相应减少耕地面积 64.83 千公顷，重点开发区实现建设用地面积增加，而耕地面积不减少。从总体上来看，通过皖江城市带限制开发区与重点开发区之间的建设用地增减挂钩和耕地占补平衡，实现皖江城市带区域耕地总量不减少。具体情况见表 7-2。

表 7-2 皖江城市带主体功能区城乡建设用地置换潜力

主体功能区	居民点及工矿用地（千公顷）	均衡状态下居民点及工矿用地（千公顷）	建设用地增减挂钩潜力（千公顷）
重点开发区	368.18	433.01	64.83
限制开发区	460.64	395.81	- 64.83
总 计	828.82	828.82	0

注：表中负数表示限制开发区居民点及工矿用地闲置面积，即建设用地指标应当减少数量

（三）促进主体功能区间城乡土地置换的财政政策建议

由于限制开发区人口净流出造成宅基地大量闲置，重点开发区人口净流入导致建设用地严重不足。储备土地较多的限制开发区存在清理闲置土地的压力，项目落地较多的重点开发区则陷入用地政策、计划指标调剂限制的困境。主体功能区规划是以县为基本行政单元确定其主体功能定位。例如，规划为限制开发区的县（市），不允许进行大规模工业开发，经济和人口集聚能力较弱，导致宅基地和工矿用地闲置，本书测算皖江城市带限制开发区居民点及工矿用地闲置面积为 64.83 千公顷。规划为重点开发区的县（市、区），作为国家或区域新的经济增长极和人口集聚地，对建设用地指标的需求较大，本书认为应将皖江城市带限制开发区闲置的 64.83 千公顷居民点及工矿用地通过整治复垦为耕地，并通过跨区域挂钩置换或跨区域调剂。为此，需要财政支持限制开发区实施耕地复垦和对退地农民进行补偿。具体财政政策建议如下。

1. 设立重点开发区城乡建设用地增减挂钩指标跨区域购买专项基金

为了促进皖江城市带重点开发区与限制开发区之间土地资源充分利用，要建立主体功能区之间城乡建设用地闲置指标有偿调剂使用制度。重点开发区应设立城乡建设用地增减挂钩指标跨区域购买专项基金，基金收入来源于按比例从国有土地出让金收入中提留，专项用于购买限制开发区闲置的建设用地指标。

皖江城市带承接产业转移示范区是国家实施长江经济带发展战略的重点区域和长三角城市群发展规划的重要组成部分，也是江淮丘陵和沿江平原等国家级农产品主产区，皖江城市带限制开发区与重点开发区之间土地资源互补性强，通过对限制开发区闲置居民点和工矿用地的整治和复垦增加建设用地指标，有偿调剂到重点开发区，既能增加农产品主产区的耕地比重，也能增加重点开发区的建设用地比重，有利于实施国家主体功能区发展战略。安徽省国土资源厅负责建设统一的城乡土地资源“省级交易平台”，面向皖江城市带发布城乡建设用地指标交易信息、组织公开竞价、公示成交结果，以调节皖江城市带城乡建设用地供求余缺。皖江城市带城乡建设用地交易的对象，既包括符合增减挂钩试点条件地区产生的建设用地节余指标，也包括不具备挂钩条件地区收购和储备的新增建设用地指标或占补平衡指标。城乡建设用地指标的流转采取公开挂牌竞价或者网上竞价的方式进行。城乡建设用地指标转让方为皖江城市带限制开发区的29个县（市）人民政府，受让方为皖江城市带重点开发区的29个县（区）人民政府。安徽省国土资源厅负责皖江城市带城乡建设用地指标跨区域交易的监督管理工作，各市、县国土资源局负责城乡建设用地指标流转具体工作。具体交易流程如下图 7–3 所示。

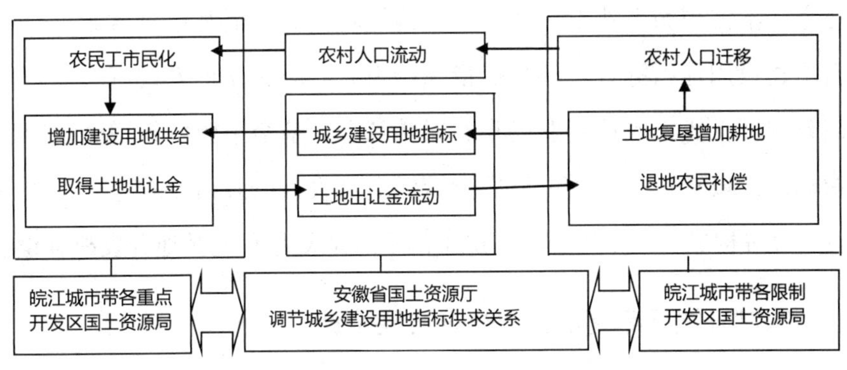

图 7–3　皖江城市带退地农民补偿与建设用地指标跨区交易流程

2. 财政要支持耕地异地占补平衡

要允许突破行政区域限制，完善异地补充耕地机制，鼓励不同主体功能定位的县（市、区）按照自愿协商原则，调剂使用耕地占补平衡指标，通过58个县（市、区）开展市场竞争方式，确定合理补偿价格，由重点开发区财政承担补偿价格。同时，耕地后备资源不足的重点开发区财政要重点支持在耕地后备资源充足的限制开发区开垦耕地，实现异地占补平衡。

3. 建立地方政府“地票”收购和储备制度

目前，一些经济发展水平较低的偏远落后地区，不具备城乡建设用地增减挂钩条件。然而，根据课题组调查，因为距离城镇较远，就近就业困难，偏远落后地区举家外出打工人口多，相对于城乡接合部地区，这些地区更容易形成“空心村”，且这些地区家庭对宅基地退出意愿较强，补偿标准期望值较低。本书认为，在不具备城乡建设用地增减挂钩试点条件的地区，对那些在城市购买了住房、有稳定工作或稳定收入的农户，如果自愿退出宅基地的，地方政府应参照同时期区县征地政策对宅基地开发权及其附着物给予一次性补偿。因为，这些家庭事实上已经成为城市居民，宅基地复垦以后不需要当地另行占用耕地新建住宅，不占用城乡建设用地增减挂钩周转指标，宅基地复垦面积全部可以作为新增建设用地指标或占补平衡指标。为此，应建立地方政府农地开发权收购和储备制度，成立农地开发权收购周转基金，基金来源由新增建设用地增减挂钩指标跨区域转让收入或占补平衡指标交易收入以及财政农地开发权收购储备拨付资金等构成，主要用于农户退出的宅基地复垦和宅基地开发权补偿。

七、限制开发区宅基地退出补偿方案设计

按照《国家新型城镇化规划（2014—2020年）》提出的目标，到2020年，我国将转移1亿左右农业人口到城镇落户，常住人口城镇化率和户籍人口城镇

化率应分别达到60%和45%左右。但是人口的户籍地与居住地分离，造成农村宅基地大量闲置。同时，城镇建设用地供给不足，导致城市房价过高，进一步降低了城镇化的质量。国土资源部的数据显示，我国农村居民点空闲和闲置用地面积达3000万亩左右，相当于现有城镇用地规模的1/4，低效用地达9000万亩以上，相当于现有城镇用地规模的3/4。[1]根据第三章“主体功能区人地关系矛盾”的分析，缺乏有效的宅基地退出补偿机制是制约限制开发区人口迁移的主要因素之一。显然，设计一套合理的宅基地退出及补偿方案是当务之急。本书以西方土地开发权理论为基础，以皖江城市带为案例，试图设计有利于促进限制开发区人口迁移的宅基地退出补偿方案。

（一）宅基地退出的本质是宅基地开发权转移

宅基地的开发权是国家为了保障农民基本生活而赋予其的居住性建筑权利，在市场经济条件下，寓于宅基地之上的宅基地开发权理应属于农民个人所有的一项财产权利。可以用等式表达为：耕地 + 宅基地开发权 = 宅基地。其中：耕地属于集体所有，宅基地开发权属于农户所有。

土地开发权作为变更土地用途的权利，它可以从土地产权束中分离出来并让渡给他人[2]（Ralph Henger and Kilian Bizer，2008）。土地开发权可以从被设计为发送区的地块上分离出来，并转移到被定义为接受区的另一地块上使之获得更大的开发强度，发送区在出售或转让这种财产权利之后，通常会受到严格的开发限制[3]（John C. Danner，1997）。农户可以自愿退出宅基地并将宅基地复垦为耕地，农户仍然拥有并自由处置国家赋予的土地开发权。例如，农村拆旧建

[1] 参见国土资源部网站：《国土资源部关于推进土地节约集约利用的指导意见》解读之一。http://www.mlr.gov.cn/tdzt/tdgl/jyjy/zcjd/201410/t20141015_1332337.htm

[2] Ralph Henger and Kilian Bizer.Tradable planning permits for land-use control in Germany [J].Land Use Policy，2010(27)：843-852.

[3] John C. Danner TDRs—great idea but questionable value [J].The Appraisal Journal，1997(4)：133-142.

新的宅基地整治项目中，农户可以利用拆旧区的部分宅基地开发权，在新建区内建设住房，也可以出售拆旧区取得的全部或部分宅基地开发权，到城镇购买住房。宅基地退出家庭只需宅基地复垦成本及相关费用分担，也就是说地方各级政府和任何组织不该参与宅基地退出产生的收益分配。我国的《宪法》《土地法》以及《物权法》等法律都没有提及“宅基地退出”概念，而宅基地退出的本质就是土地开发权转移。

2000年以来，全国各地都纷纷进行各种形式的宅基地退出改革试点，最典型的是浙江嘉兴的“两分两换”（用宅基地换城镇住房，用承包经营地换社会保障）、天津的“宅基地换房”、成都的“三集中”（工业向集中发展区集中，农民向城镇集中，土地向承包经营户集中）和重庆的“地票”交易等，无论宅基地退出试点农民换回的是住房、实物，还是货币，其实质都是土地开发权转让。然而，从各地的试点情况来看，主要是政府主导的土地发展权补偿方式，导致补偿标准过低，农民退地积极性不高。例如，重庆2010年上半年主城区出让的房地产类用地的平均地价为274万元/亩，重庆市“地票”交易的平均价格10万元以上，荣昌区（原荣昌县）补偿给农民8千元每亩，潼南区（原潼南县）最高可补偿到1.4万每亩。补偿标准与市场价值相去甚远。[1]有些地方政府为了取得更多的新增建设用地指标，出现逼农民上楼等严重侵害农民利益的问题发生。市场经济条件下，既然宅基地开发权是国家赋予农民的独立于集体所有权之外的财产权利，农民就应该享有相应的处置权和收益权。宅基地退出的补偿标准应依据宅基地开发权供求竞争基础上形成的市场均衡价格，而不是取决于地方政府或任何组织的意志。当然，宅基地开发权交易不同于一般商品交易，因其涉及耕地保护、城乡建设规划、产业分布以及人口布局等诸多问题，既要保证市场的基础性配置地位，又不能忽视政府的宏观引导作用。

---

[1] 滕亚为.户籍改革中农村土地退出补偿机制研究——以重庆市为例[J].国家行政学院学报,2011(4).

（二）宅基地退出的补偿构成及内涵

如前文所述，宅基地退出本质是宅基地开发权转移。因此，宅基地补偿标准应该取决于宅基地开发权交易价格，将农村实施土地整治、城乡建设用地增减挂钩腾出的建设用地指标按照一定的价格出让给建设用地指标不足的城镇化地区，这一价格称之为宅基地开发权交易价格。而宅基地开发权是国家赋予农民的居住性建筑权，因此宅基地开发权转移收益属于农民家庭或个人所有。但是，现实中，宅基地开发权交易价格不等于开发权转移收益，宅基地开发权交易价格中还要做相应的成本扣除，剩余部分才是土地开发权转移收益。首先，要扣除宅基地复垦成本，因为农村实施土地整治、拆旧建新、土地复垦、土地置换、资金融通、城乡建设用地增减挂钩结余指标交易等工作都需要乡镇政府或者农村集体组织参与，其中会发生一些费用，这些费用在政府对农户进行宅基地退出补偿之前，应该作为宅基地开发权交易成本予以预先扣除。其次，要扣除对宅基地上的房屋及其他附着物补偿成本，房屋及其他附着物是农户建设投入，因宅基地退出而构成农户的损失，可以参照同时期区县（自治县）人民政府发布的征收农村房屋及其地上构（附）着物补偿标准给予补偿，虽然也应该补偿给农户，但是属于宅基地开发权交易成本的一部分予以预先扣除。

设：每亩宅基地开发权交易价格为 P；每亩宅基地复垦成本为 Cf，其中包括退地工作经费 Cf_1、工程施工费 Cf_2、复垦项目融资成本 Cf_3、其他费用 Cf_4 等；房屋和地上构（附）着物补偿费为 Cb；每亩宅基地开发权转移收益为 R。

则每亩宅基地开发权转移收益为（1）：$R=P-Cf-Cb$，其中 $Cf=Cf_1+Cf_2+Cf_3+Cf_4$

对（1）整理后得出（2）：$R+Cb=P-Cf_1-Cf_2-Cf_3-Cf_4$

从等式（2）的左边看，政府对宅基地退出补偿为：$R+Cb$，即宅基地退出补偿包括宅基地开发权转移收益 R、房屋和地上构（附）着物补偿费 Cb 两部分，但是二者的性质不一样，一般 R 与宅基地开发权交易价格直接相关，就单个农户而言还主要取决于其腾出的建设用地指标大小，比如，一个退出旧宅基地后还要在新规划范围内占用宅基地的农户，其腾出的建设用地指标就是前者扣除后者差额面积，而一个放弃农村宅基地使用权，直接到城镇购买住房的农户腾出的建设用地指标就是退出旧宅基地的面积，当然对于超过国家规定标准的宅基地应当根据当地具体情况另行考虑。而 Cb 只与地上、房屋和附着物的成本有关，比如对于建筑物可以按照混凝土结构、混砖结构、砖木结构、土坯结构等进行分类，并根据相应的单位面积补偿标准和建筑面积来进行补偿。

从等式（2）的右边看，退出宅基地农户可以取得的总收入为：$P-Cf_1-Cf_2-Cf_3-Cf_4$，即宅基地开发权交易价格 P 扣除退地工作经费 Cf_1、工程施工费 Cf_2、复垦项目融资成本 Cf_3、其他费用 Cf_4 等宅基地复垦成本以后的所有收入都应该用于补偿退出宅基地的农户，地方政府和集体经济组织都不应该参与其中分配。

（三）促进宅基地退出的补偿方案设计——以皖江城市带为案例

由于皖江城市带农村土地交易市场平台没有建立，尚未形成完善的宅基地开发权或“地票”交易市场，建议皖江城市带宅基地退出补偿方案分两步走。为此，本书设计两个方案：一是在目前农村土地交易市场不完善的情况下，城乡建设用地增减挂钩结余指标只限于本县（市、区）行政范围内调剂使用，适合采用“市场参照法”下的宅基地补偿方案；二是在将来皖江城市带统一的农村土地交易市场形成的情况下，城乡建设用地增减挂钩结余指标可以在皖江城市带范围内跨区域交易使用，适合采用“区域交易法”下的宅基地补偿方案。

方案一：“市场参照法”下的宅基地补偿方案

目前，安徽省城乡建设用地增减挂钩结余指标只限于本县（市、区）行政范围内调剂使用，皖江城市带尚未形成统一的宅基地开发权交易市场，宅基地开发权交易价格无法直接通过市场竞争机制表现出来。但是，农村宅基地开发权一旦转化为城镇建设用地指标，其价格应取决于城镇建设用地供求关系，进而与城市土地交易价格之间存在正向比例关系。建议参照农村宅基地开发权交易市场比较成熟的省市的经验数据，根据其宅基地交易价格与城市住宅土地交易价格之间的比例关系，推算出皖江城市带各县（市、区）的宅基地开发权交易价格。由于重庆市 2008 年 12 月农村土地交易所就挂牌成立就开始了城乡建设用地增减挂钩腾出的指标交易，又称“地票”交易，宅基地开发权交易市场较为成熟。为此，建议参照重庆市“地票”交易价格与同期住宅用地价格之间比例关系确定皖江城市带宅基地开发权交易价格。

首先，重庆市“地票”交易价格与其同期城市住宅用地价格之间比例关系，简称为“地票地价系数”。“地票地价系数”可以用重庆市一定时期“一篮子”每亩“地票”交易价格与“一篮子”每亩城市住宅用地交易价格之间的比值表示。设 K 表示重庆“地票地价系数”、cd_i 表示重庆市某块“地票”平均每亩交易价格、ct_i 表示重庆市某块城市住宅建设用地平均每亩交易价格，则“地票地价系数” K 可以表示为：

$$K=\sum_{i=1}^{n}cd_i\div\sum_{i=1}^{n}ct_i$$

其次，确定皖江城市带某县（市、区）“一篮子”城镇住宅建设用地平均每亩交易价格 S，用 wt_i 表示皖江城市带某县（市、区）某块城镇住宅建设用地每亩交易价格，则其“一篮子”城镇住宅建设用地平均每亩交易价格 S 表示为：

$$S=\sum_{i=1}^{n}wt_i\div n$$

于是，皖江城市带某县（市、区）每亩宅基地开发权交易参考价格 P 为：

$$P=K\times S$$

最后，按照前文每亩宅基地复垦成本 Cf 包括退地工作经费 Cf_1、工程施工费 Cf_2、复垦项目融资成本 Cf_3、其他费用 Cf_4 等，则农户平均每亩宅基地退出补偿额 B 为：

$$B=P-Cf=P-Cf_1-Cf_2-Cf_3-Cf_4$$

当然，在整村或成片宅基地拆旧新建项目中，因为各户房屋及其他地上附着物建筑成本不同，实际分配到各个农户的每亩宅基地退出补偿标准有差异。

方案二："区域交易法"下的宅基地补偿方案

2013年《安徽省人民政府关于深化农村综合改革示范试点工作的指导意见》提出要逐步建立统一的城乡土地交易市场，推进城乡统一的土地交易市场门户网站和交易平台建设，农村宅基地开发权将会被逐步纳入城乡统一的土地交易市场。因此，统一的城乡土地交易市场建成以后，农村宅基地开发权直接上市交易，上述的"市场参照法"确定宅基地开发权交易价格就可以被实际的市场交易价格取代。需要特别指出的是，目前皖江城市带城乡建设用地增减挂钩腾出的指标只限于在本县（市、区）内调剂使用，但是，皖江城市带区内各个县（市、区）之间建设用地供需差异很大。根据《安徽省主体功能区规划》，皖江城市带58个县（市、区），其中29个属于重点开发区、29个属于限制开发区（见表7-1）。根据主体功能区功能定位，重点开发区是人口、经济的主要集聚地，2016年合肥、马鞍山、芜湖、铜陵、池州、安庆、滁州和宣城等8个皖江城市纳入《长江三角洲城市群发展规划》，将会进一步加剧皖江城市带重点开发区的29个区县城镇化建设用地供求矛盾。同时，皖江城市带29个限制开发区分布在江淮丘陵、沿江平原、大别山区以及皖南山区等国家级或省级农产品主产区或重点生态功能区，将有大量农业剩余劳动力和生态超载人口转移到城镇化地区，会出现大量宅基地闲置。根据本章"六、促进主体功能区间城乡土地置换的财政政策——以皖江城市带为例"对皖江城市带城乡土地置换潜力测算，将皖江城市带29个限制开发区的64.83千公顷建设用地指标转移给29个重点开发区，就可以实现皖江区域城乡建设用地最优配置（见表7-2）。因此，随着全省农村土地交易市场的建立与完善，应适时打破城乡建设用地增减挂钩结余指标只限于本县（市、区）行政范围内调剂的做法，实行城乡建设用地增减挂钩结余指标在皖江城市带区域范围内公开交易，称之为“区域交易法”。实行“区域交易法”条件下，直接采用皖江城市带范围内的城乡建设用地增减挂钩结余指标交易价格作为宅基地开发权交易价格，宅基地开发权交易价格扣除各种宅基地复垦成本即为宅基地开发权转移收益。宅基地开发权转移收益连同房屋和地上构（附）着物补偿费都应作为对宅基地退出补偿。具体分配程序和方法与“市场参照法”下的宅基地补偿方案相同，不再赘述。

在“区域交易法”下，宅基地开发权在整个皖江城市带9个市的58个县（市、区）之间交易，一方面会将会增加位于国家级重点开发区的合肥、芜湖等中心城市建设用地指标，缓解大中城市房价上涨压力；另一方面，有利于增加农产品主产区和重点生态功能区农民宅基地退出补偿收入，减少宅基地闲置浪费，促进大别山区、皖南山区以及皖江区域农产品主产区生态超载人口和农村剩余劳动力向城市转移，实现人口布局与经济、环境资源承载力的相协调。

附 录

附录1：北京市主体功能区人口分布基本情况

主体功能区类型	层级	主体功能区范围	面积（平方千米）	常住人口（万人）	户籍人口（万人）	产值（亿元）
优化开发区	国家级	首都功能核心区	92.4	216.2	229	3281.3
重点开发区	市级	城市功能拓展区	1275.9	955.4	547.9	6606.0
		城市发展新区	3782.9	541.8	255.6	2994.5
		小计	5058.8	1497.2	803.5	9600.5
重点生态功能区	市级	生态涵养发展区	11259.3	247.8	222.9	561.5
合计			16410.5	2151.6	1255.4	21330.8

注：《北京市主体功能区规划》，2010年全国人口普查数据，北京市2011年统计年鉴。

附录2：天津市主体功能区人口分布基本情况

主体功能区类型	层级	主体功能区范围	面积（平方千米）	常住人口（万人）	户籍人口（万人）	产值（亿元）
优化开发区	国家级	天津市所辖9个区（不含纳入重点开发区部分）	6444	911.7	741.8	4044.13
重点开发区	国家级	滨海新区、9个国家级经开区、子牙循环经济产业园、海河教育园区	2454.1	262.1	129.8	5730.1
重点生态功能区	市级	生态涵养发展区	3021.6	120.1	120.4	384.75
合计			11919.7	1293.9	992	10158.98

注：《天津市主体功能区规划》，2010年全国人口普查数据，天津市2011年统计年鉴。

附录3：河北省主体功能区人口分布基本情况

主体功能区类型	层级	主体功能区范围	面积（平方千米）	常住人口（万人）	户籍人口（万人）	产值（亿元）
优化开发区	国家级	沿海、燕山前平原、冀中平原北部地区	26994	1571.3	1504	7163.36
重点开发区	国家级	太行山前平原地带	14707	1450.4	1337.4	5418.98
	省级	黑龙港中北部、张承盆谷地区	9806	499.2	471.4	1888.265
农产品主产区	国家级	太行山山前平原、丘陵地区和黑龙港低平原地区	43000	2450.4	2537.2	3615.11
重点生态功能区	国家级	坝上高原山区是浑善达克沙漠化防治生态功能区的一部分	32391	162.8	201.7	258.73
	省级	冀北燕山山区、冀西太行山区	60795	1050.8	1099.4	2055.83
合　计			187693	7240.51	24228.2	20394.26

注：《河北省主体功能区规划》，2010年全国人口普查数据，河北省2011年统计年鉴。

附录 4：山西省主体功能区人口分布基本情况

主体功能区类型	层级	主体功能区范围	面积（平方千米）	常住人口（万人）	户籍人口（万人）	产值（亿元）
重点开发区	国家级	太原都市圈的大部分地区	15900	772.2	708.1	2.1218
	省级	太原都市圈、晋北城镇群、晋南城镇群、晋东南城镇群的部分地区	15700	883.2	825.9	2176.0593
农产品主产区	国家级	汾河平原农产品主产区属于汾渭平原主产区	25700	744. 5	745.8	1483.1646
	省级	桑干河河谷盆地、滹沱河河谷盆地、寿阳－昔阳－平定、漳河－沁河河谷盆地等农产品主产区	19200	333.9	331.3	555.7526
重点生态功能区	国家级	黄土高原丘陵沟壑水土保持生态功能区山西部分	29200	297.2	311.7	558.663
	省级	京津风沙源治理生态功能区，吕梁山水源涵养及水土保持生态功能区，中条山、五台山水源涵养生态功能区，太行山南部、太岳山水源涵养与生物多样性生态功能区	51000	540.3	550.1	1261.336
合计			156700	3571.2	3472.9	8597.098

注：《山西省主体功能区规划》，2010 年全国人口普查数据，山西省 2011 年统计年鉴。

附录 5：内蒙古自治区主体功能区人口分布基本情况

主体功能区类 型	层级	主体功能区范 围	面积（平方千米）	常住人口（万人）	户籍人口（万人）	产值（亿元）
重点开发区	国家级	呼包鄂地区	97479	670.15	494.34	7244.69
	自治区级	沿自治区主要交通干线、主要河流的 18 个重点旗县市区	57245	476.83	507.18	2414.9
农产品主产区	国家级	汾河平原农产品主产区属于汾渭平原主产区	72676	421.48	463.55	692.01
	省级	桑干河河谷盆地、滹沱河河谷盆地、寿阳－昔阳－平定、漳河－沁河河谷盆地等农产品主产区	94514	145.65	194.93	220
重点生态功能区	国家级	大兴安岭森林、呼伦贝尔草原草甸、科尔沁草原、浑善达克沙漠化防治、阴山北麓草原生态功能区	546763	663.73	750.62	915.20
	省级	呼伦贝尔草原草甸、黄土高原丘陵沟壑水土保持、阴山北麓草原生态功能区、阿拉善沙漠化防止生态功能区	300720	62.43	69.56	185.20
合 计			1169397	2470.6	2440.8	11672

注：《内蒙古自治区主体功能区规划》，2010 年全国人口普查数据，内蒙古自治区 2011 年统计年鉴。

附录6：辽宁省主体功能区人口分布基本情况

主体功能区类型	层级	主体功能区范围	面积（平方千米）	常住人口（万人）	户籍人口（万人）	产值（亿元）
优化开发区	国家级	环渤海国家级优化开发区的辽东南部分	11324	1657.5	1399.14	10171
重点开发区	省级	辽东南省级重点开发区38个县（市、区）及76个重点开发镇	38861.4	1611.6	1620.2	4989
农产品主产区	国家级	东北平原国家级农产品主产区辽宁省13个县市，218个乡镇	46376.9	629.0	702.8	1812
重点生态功能区	省级	辽宁省水源涵养区、林产品基地、旅游目的地	49673	476.6	531.2	1485
合　计			147000	4374.6	4253.34	18457

注：《辽宁省主体功能区规划》，2010年全国人口普查数据，辽宁省2011年统计年鉴。

附录 7：吉林省主体功能区人口分布基本情况

主体功能区类型	层级	主体功能区范围	面积（平方千米）	常住人口（万人）	户籍人口（万人）	产值（亿元）
重点开发区	国家级	长吉图地区	18876	751.96	666.38	2535
	省级	四平、辽源、通化、白城地区	1906	123.25	122.31	361
农产品主产区	国家级	东北平原农产品主产区属于吉林省部分	107714	1530.43	1596.50	4413
重点生态功能区	国家级	长白山森林生态功能区、科尔沁草原生态功能区	59408	280. 4	277.07	1086
	省级	长白山森林生态功能区（集安市、通化区域）	3791	59.23	52.56	182
合计			191701	2745.2	2714.8	8577

注：《吉林省主体功能区规划》，2010 年全国人口普查数据，吉林省 2011 年统计年鉴。

附录8：黑龙江省主体功能区人口分布基本情况

<table>
<tr><th>主体功能区类型</th><th>层级</th><th>主体功能区范围</th><th>面积（平方千米）</th><th>常住人口（万人）</th><th>户籍人口（万人）</th><th>产值（亿元）</th></tr>
<tr><td rowspan="3">重点开发区</td><td rowspan="2">国家级</td><td>哈大齐地区</td><td>17055.7</td><td>908.26</td><td>755.38</td><td>3059.9</td></tr>
<tr><td>牡绥地区</td><td>2935.56</td><td>109.75</td><td>96.64</td><td>169.9</td></tr>
<tr><td>省级</td><td>东部煤电化基地城市群、绥化市建成区等地区</td><td>11288.1</td><td>353.2</td><td>340.84</td><td>665.4</td></tr>
<tr><td>农产品主产区</td><td>国家级</td><td>东北平原农产品主产区属于黑龙江省部分</td><td>100322.6</td><td>1342.98</td><td>1456.06</td><td>4321.09</td></tr>
<tr><td rowspan="3">重点生态功能区</td><td rowspan="3">国家级</td><td>大兴安岭森林生态功能区</td><td>233874</td><td>576.52</td><td>611.88</td><td>705.5</td></tr>
<tr><td>长白山森林生态功能区</td><td>59123</td><td>361.42</td><td>384.85</td><td>873.21</td></tr>
<tr><td>三江源生态功能区</td><td>48401</td><td>179.27</td><td>178.14</td><td>440.0</td></tr>
<tr><td colspan="3">合计</td><td>473000</td><td>3831.4</td><td>3823.79</td><td>10235</td></tr>
</table>

注：《黑龙江省主体功能区规划》，2010年全国人口普查数据，黑龙江省2011年统计年鉴。

附录 9：上海市主体功能区人口分布基本情况

主体功能区类型	层级	主体功能区范围	面积（平方千米）	常住人口（万人）	户籍人口（万人）	产值（亿元）
优化开发区	国家级	长三角优化开发区上海市部分，都市功能优化区	1070	1132.04	806.2	8098.75
重点开发区	省级	都市发展新区和新型城市化地区	4224	1099.5	543.11	8436.2
农产品主产区	国家级	长江流域农产品主产区崇明岛区域	1411	70.37	69.2	337.5
合 计			6705	2301.92	1418.52	16872.4

注：《上海市主体功能区规划》，2010 年全国人口普查数据，上海市 2011 年统计年鉴。

附录 10：江苏省主体功能区人口分布基本情况

主体功能区类型	层级	主体功能区范围	面积（平方千米）	常住人口（万人）	户籍人口（万人）	产值（亿元）
优化开发区	国家级	长三角优化开发区江苏省部分	18672.5	2918.5	2048.54	24855
重点开发区	国家级	国家级重点开发区东陇海地区江苏部分	5427.5	351.3	337.8	1243
	省级	苏中南重点开发区	15300	1651.9	1739.9	4142
农产品主产区	国家级	长江流域国家级农产品主产区江苏部分	31028	1212.3	1477.76	5133
	省级	江苏省农产品主产区	36272	1732.15	1892.30	4911
合　计			106700	7866.15	7496.3	40903

注：《江苏省主体功能区规划》，2010 年全国人口普查数据，江苏省 2011 年统计年鉴。

附录 11：浙江省主体功能区人口分布基本情况

主体功能区类型	层级	主体功能区范围	面积（平方千米）	常住人口（万人）	户籍人口（万人）	产值（亿元）
优化开发区	国家级	长三角优化开发区浙江省部分	16317	2190.84	1633.27	14318.39
重点开发区	国家级	国家级重点开发区海峡西岸地区浙江部分	2260	788.74	619.04	2540.81
	省级	浙江沿海重点开发区	14611	1461.86	1322.14	6229.62
农产品主产区	国家级	长江流域国家级农产品主产区浙江部分	5249	227.44	226.23	919.31
重点生态功能区	省级	包括省级重点生态功能区和生态经济区	62783	773.8	932.47	3218.18
合　计			101220	5442.68	4733.2	27226.8

注：《浙江省主体功能区规划》，2010 年全国人口普查数据，浙江省 2011 年统计年鉴。

附录 12：安徽省主体功能区人口分布基本情况

主体功能区类型	层级	主体功能区范围	面积（平方千米）	常住人口（万人）	户籍人口（万人）	产值（亿元）
重点开发区	国家级	江淮地区皖江城市带承接产业转移示范区	21889.14	1397.75	1350.52	5828.16
	省级	皖北城市群、皖西、皖南片区省级重点开发区	11546.3	968.18	1034.32	1913.59
农产品主产区	国家级	淮北平原主产区	30544.37	1683.71	2175.66	1682.02
		江淮丘陵主产区	22733.82	729.0	902.36	916.18
		沿江平原主产区	23176.32	720.96	872.45	1144
		小 计	76454.51	3133.67	3950.47	3832.2
重点生态功能区	国家级	大别山水土保持生态功能区	13445.35	225.9	270.55	285.93
	省级	皖南山区重点生态功能区	16772.48	224.51	256.13	403.29
合 计			106672.34	5950.04	6862.02	12263.4

注：《安徽省主体功能区规划》，2010 年全国人口普查数据，安徽省 2011 年统计年鉴。

附录 13：福建省主体功能区人口分布基本情况

主体功能区类型	层级	主体功能区范围	面积（平方千米）	常住人口（万人）	户籍人口（万人）	产值（亿元）
优化开发区	省级	福州（鼓楼、台江、仓山、晋安、马尾）、泉州（丰泽、鲤城）、厦门（思明、湖里）中心城区	1365.2	517.7	322.1	3353.59
重点开发区	国家级	国家重点开发区海峡西岸地区的福州泉州厦门漳州地区	22021	1913.4	1671.1	6118.27
	省级	闽西北重点开发区域	14022	300.7	252.5	2237.98
农产品主产区	国家级	华南农产品主产区	9037.47	160	186.8	594.34
	省级	闽西南、闽西北山地农产品主产区	40874.4	444.9	489.7	1101.29
重点生态功能区	省级	闽中、西局部山区等	36531.1	352.6	614.9	1057.28
合　计			123851.1	3689.4	3537.1	14462.75

注：《福建省主体功能区规划》，2010 年全国人口普查数据，福建省 2011 年统计年鉴。

附录 14：江西省主体功能区人口分布基本情况

主体功能区类型	层级	主体功能区范围	面积（平方千米）	常住人口（万人）	户籍人口（万人）	产值（亿元）
重点开发区	国家级	国家重点开发区鄱阳湖生态经济区	15715	938.99	914.35	4028.18
	省级	上饶、萍乡、宜春、吉安、赣州、九江等城镇化地区	18328	1026.45	1074.01	1654.69
农产品主产区	国家级	长江流域农产品主产区江西部分	72868	1656.22	1819.93	2424.96
重点生态功能区	国家级	南岭山地和井冈山区	15539	216.90	237.80	340.98
	省级	赣中、北山地	44450	618.19	667.30	942.36
合　计			166900	4456.77	4713.41	9391.17

注：《江西省主体功能区规划》，2010 年全国人口普查数据，江西省 2011 年统计年鉴。

附录15：山东省主体功能区人口分布基本情况

主体功能区类型	层级	主体功能区范围	面积（平方千米）	常住人口（万人）	户籍人口（万人）	产值（亿元）
优化开发区	国家级	胶东半岛、黄河三角洲国家级优化开发区	23601	1795.67	1575.55	10117.64
	省级	淄博省级优化开发区	4537	510.93	441.85	3052.01
重点开发区	国家级	东陇海国家级重点开发区	26152	773.59	764.77	2733.74
	省级	济南都市圈、鲁南经济带省级重点开发区	20985	1617.68	1582.73	5020.88
农产品主产区	国家级	鲁北、鲁西南、东部沿海国家级农产品主产区	72194	3785.46	4065.68	14792.62
重点生态功能区	省级	鲁中南山地生态功能区、沿海生态经济区	26141	1095.91	1117.34	3699.31
合计			173610	9579.24	9547.92	39416.2

注：《山东省主体功能区规划》，2010年全国人口普查数据，山东省2011年统计年鉴。

附录 16：河南省主体功能区人口分布基本情况

主体功能区类型	层级	主体功能区范围	面积（平方千米）	常住人口（万人）	户籍人口（万人）	产值（亿元）
重点开发区	国家级	国家重点开发区中原地区	18800	2137.62	1986.03	8248.157
	省级	省级重点开发区域	28500	1989.47	2191.94	4945.567
农产品主产区	国家级	黄淮海平原、南阳盆地、豫西山地农产品主产区	86900	4553.40	5378.88	8258.338
重点生态功能区	国家级	大别山土壤侵蚀防治区	3700	77.09	111.10	144.446
	省级	太行、伏牛等生态功能区	27800	645.41	759.32	1331.141
合　计			165700	9402.99	10427.27	22927.65

注：《河南主体功能区规划》，2010 年全国人口普查数据，河南省 2011 年统计年鉴。

附录 17：湖北省主体功能区人口分布基本情况

主体功能区类型	层级	主体功能区范围	面积（平方千米）	常住人口（万人）	户籍人口（万人）	产值（亿元）
重点开发区	国家级	国家重点开发区武汉城市圈	24148.41	1923.03	1885.52	7300.83
	省级	省级重点开发区域	15968.81	751.00	713.27	2965.22
农产品主产区	国家级	长江流域农产品主产区	61068.15	2131.31	2078.48	3600.63
重点生态功能区	国家级	大别山土壤侵蚀防治区	81145.35	1204.25	1401.39	1838.25
	省级	太行、伏牛等生态功能区	3569.28	74.18	97.31	101.16
合　计			185900	5723.77	6175.97	15806.09

注：《湖北省主体功能区规划》，2010 年全国人口普查数据，湖北省 2011 年统计年鉴。

附录 18：湖南省主体功能区人口分布基本情况

主体功能区类型	层级	主体功能区范围	面积（平方千米）	常住人口（万人）	户籍人口（万人）	产值（亿元）
重点开发区	国家级	国家重点开发区长株潭城市圈	25012	1683.17	1600.47	8028.15
	省级	省级重点开发区域	15199	582.27	612.09	1393.93
农产品主产区	国家级	长江流域农产品主产区	71373	2567.54	2901.20	4016.95
重点生态功能区	国家级	武陵山、南岭山地国家级生态保护区	48548	862.017	979.00	1119.12
	省级	洞庭湖、罗霄－幕阜山生态功能区	51723	875.08	985.30	1235.34
合　计			211855	6570.08	7078.07	15793.48

注：《湖南省主体功能区规划》，2010 年全国人口普查数据，湖南省 2011 年统计年鉴。

附录 19：广东省主体功能区人口分布基本情况

主体功能区类型	层级	主体功能区范围	面积（平方千米）	常住人口（万人）	户籍人口（万人）	产值（亿元）
优化开发区	国家级	珠三角核心	24379.1	4797.3	2194.9	35592
重点开发区	国家级	海峡西岸粤东部分、北部湾湛江部分	13985.3	1775.1	1892.4	3846.6
	省级	省级重点开发区域	23452.3	1114.1	1105.8	3745.7
农产品主产区	国家级	华南农产品主产区	56939.5	1646.2	1973.8	2722.0
重点生态功能区	国家级	南岭山地森林粤北部分	23515	410.2	523.4	634.6
	省级	北江、东江、西江、韩江、鉴江生态功能区	37631.2	689.1	812.2	1145.4
合计			179800	10432	8502.5	46013

注：《广东省主体功能区规划》，2010 年全国人口普查数据，广东省 2011 年统计年鉴。

附录20：广西壮族自治区主体功能区人口分布基本情况

主体功能区类型	层级	主体功能区范围	面积（平方千米）	常住人口（万人）	户籍人口（万人）	产值（亿元）
重点开发区	国家级	广西北部湾经济区	25600	885.05	894.81	1901.4
	自治区级	西江经济带、桂西资源富集区	42700	1234.35	1244.05	3960.5
农产品主产区	自治区级	自治区农产品主产区	96100	1729.12	2097.06	2784.6
重点生态功能区	国家级	南岭山地、桂黔滇喀斯特石墨国家级生态保护区	41200	434.47	543.37	510.2
	自治区级	自治区生态功能区	31700	319.39	379.89	413.1
合计			236700	4602.38	5159.17	9569.8

注：《广西壮族自治区主体功能区规划》，2010年全国人口普查数据，广西壮族自治区2011年统计年鉴。

附录21：海南省主体功能区人口分布基本情况

主体功能区类型	层级	主体功能区范围	面积（平方千米）	常住人口（万人）	户籍人口（万人）	产值（亿元）
重点开发区	国家级	北部湾地区海南部分	4340	277.16	204.39	1039.45
农产品主产区	国家级	华南农产品主产区海南部分	22799	530.67	574.55	956.86
重点生态功能区	国家级	海南岛中部山区热带雨林生态功能区	8215	59.32	69.64	80.77
合计			35354	867.15	848.59	2077.08

注：《海南省主体功能区规划》，2010年全国人口普查数据，海南省2011年统计年鉴。

附录 22：重庆市主体功能区人口分布基本情况

主体功能区类型	层级	主体功能区范围	面积（平方千米）	常住人口（万人）	户籍人口（万人）	产值（亿元）
重点开发区	国家级	成渝地区重庆部分	32894	1901.31	1984.66	6715.65
	市级	重庆市级重点开发区，点状分布未单独统计				
农产品主产区	国家级	长江流域农产品主产区重庆部分	14044	459.29	633.22	677.58
重点生态功能区	国家级	三峡库区、秦巴生物多样性、武陵山区生物多样性国家级生态保护区	35422	524.01	697.10	639.32
	市级	市级生态功能区，点状分布未单独统计				
合　计			82360	28846170	33149845	8032.55

注：《重庆市主体功能区规划》，2010 年全国人口普查数据，重庆市 2011 年统计年鉴。

附录 23： 四川省主体功能区人口分布基本情况

主体功能区类型	层级	主体功能区范围	面积（平方千米）	常住人口（万人）	户籍人口（万人）	产值（亿元）
重点开发区	国家级	成渝地区成都平原	39650	2676.9	2545.7	8309
	省级	川南、川东北、攀西地区	61181	2478.5	2896.4	5121.1
农产品主产区	国家级	长江流域农产品主产区四川部分	66983	2006	2651.4	2680.7
重点生态功能区	国家级	若尔盖草原湿地、川滇森林及生物多样性、秦巴生物多样性	286541	591.8	585.5	644.4
	省级	大小凉山水土保持和生物多样性生态功能区	31697	288.6	326.2	322.7
合　计			486052	8041.8	8998.1	17077.9

注：《四川省主体功能区规划》，2010 年全国人口普查数据，四川省 2011 年统计年鉴。

附录24：贵州省主体功能区人口分布基本情况

主体功能区类型	层级	主体功能区范围	面积（平方千米）	常住人口（万人）	户籍人口（万人）	产值（亿元）
重点开发区	国家级	黔中地区	30602.06	1196.1	1264.7	2173.61
	省级	钟山－水城－盘县，兴义－兴仁，碧江－万山－松桃	13317.19	445.3	493.2	750.22
农产品主产区	省级	黔中东、南、西、北农产品带	83251.01	1203.9	1599.5	1242.57
重点生态功能区	国家级	桂黔滇喀斯特石漠化防治区	26441	370.0	447.0	226.25
	省级	苗岭水、武陵山生物多样性与水土保持区，桂黔滇喀斯特石漠化防治区	22556.7	259.8	355.7	201.32
合　计			176167.96	3474.9	4160.0	4593.97

注：《贵州省主体功能区规划》，2010年全国人口普查数据，贵州省2011年统计年鉴。

附录 25：云南省主体功能区人口分布基本情况

主体功能区类型	层级	主体功能区范围	面积（平方千米）	常住人口（万人）	户籍人口（万人）	产值（亿元）
重点开发区	国家级	滇中地区	49100	952.71	865.22	2389.12
	省级	滇西、滇西北、滇西南、滇东北、滇东南地区	36600	648.25	625.23	1215.30
农产品主产区	国家级	云南农产品产品	159000	1677.84	1758.09	2273.41
重点生态功能区	国家级	滇西森林及生物多样性、滇东喀斯特石漠化防治区	86300	474.22	476.73	463.11
	省级	省级生态功能区	63000	843.65	837.83	883.24
合　计			394000	4596.67	4563.1	7224.18

注：《云南省主体功能区规划》，2010 年全国人口普查数据，云南省 2011 年统计年鉴。

附录 26：西藏自治区主体功能区人口分布基本情况

主体功能区类 型	层级	主体功能区范 围	面积（平方千米）	常住人口（万人）	户籍人口（万人）	产值（亿元）
重点开发区	国家级	藏中南地区	32400	88.67	72.24	232
	自治区级	藏东、藏西和边境地区重点城镇	28000	18.75	17.79	38
农产品主产区	自治区级	雅鲁藏布江流域以及藏东三江流域	329100	116.25	120.65	146.46
重点生态功能区	国家级	藏西北羌塘高原荒漠生态功能区和藏东南高原边缘森林生态功能区	571100	17.3	18.41	23
	自治区级	区域性生态功能区	241300	59.25	60.3	68
合　计			1201900	300. 22	289. 39	507.46

注：《西藏自治区主体功能区规划》，2010 年全国人口普查数据，西藏自治区 2011 年统计年鉴。

附录 27：陕西省主体功能区人口分布基本情况

主体功能区类型	层级	主体功能区范围	面积（平方千米）	常住人口（万人）	户籍人口（万人）	产值（亿元）
重点开发区	国家级	关中天水之关中地区、呼包鄂榆之榆林地区	33836	1698.7	1617.1	6107.65
	省级	延安、汉中、安康地区	7634	234.5	250.1	449.12
农产品主产区	国家级	汾渭平原农产品主产区	17788	689.9	737.8	813.9
	省级	渭北地区洛南特色农业区	13481	178.4	184.6	327.18
重点生态功能区	国家级	黄土高原丘陵沟壑水土流失防治区、秦巴山地生物多样性功能区	81202	703.3	823.1	1269.16
	省级	沿黄、子午岭、黄龙山、秦岭东段	51859	224.9	227.6	1069.6
合计			205800	3732.7	3840.3	10036.61

注：《陕西省主体功能区规划》，2010 年全国人口普查数据，陕西省 2011 年统计年鉴。

附录28：甘肃省主体功能区人口分布基本情况

主体功能区类型	层级	主体功能区范围	面积（平方千米）	常住人口（万人）	户籍人口（万人）	产值（亿元）
重点开发区	国家级	兰白地区（国家兰州西宁重点开发区甘肃部分）、天成地区（国家关中天水经济区甘肃部分）	20923.04	540.6	509.7	1502.44
	省级	酒嘉地区、张掖地区、金武地区、平庆地区	27179.72	430	448.2	1093.25
农产品主产区	国家级	河西农产品主产区（甘肃新疆主产区范围）	57897.81	61.6	61.35	210.99
	省级	沿黄陇东中部农产品主产区	52215.18	724	799.7	489.14
重点生态功能区	国家级	甘南黄河重要水源补给生态功能区、长江上游“两江一水”流域、祁连山冰川与水源、石羊河下游生态保护区、陇东黄土高原丘陵沟壑水土保持生态功能区	214001.8	781.4	883.05	776.77
	省级	敦煌生态环境和文化遗产保护区、肃北北部荒漠生态保护区	53618.15	19.9	14.7	48.21
合　计			425835.7	2557.5	2716.7	4120.8

注：《甘肃省主体功能区规划》，2010年全国人口普查数据，甘肃省2011年统计年鉴。

附录 29：青海省主体功能区人口分布基本情况

主体功能区类型	层级	主体功能区范围	面积（平方千米）	常住人口（万人）	户籍人口（万人）	产值（亿元）
重点开发区	国家级	东部和柴达木重点开发区域（属于国家兰州西宁重点开发区）	80461.24	388.45	381.19	1126.26
农产品主产区	省级	东部农产品主产区	3437.90	50.53	49.58	65.93
重点生态功能区	国家级	三江源草甸湿地生态功能区、祁连山冰川与水源生态功能区	417196.48	109.89	107.83	138.46
	省级	中部生态功能区	216384.91	13.79	13.53	19.78
合　计			717480.5	562.67	552.13	1350.43

注：《海南省主体功能区规划》，2010 年全国人口普查数据，海南省 2011 年统计年鉴。

附录 30：宁夏回族自治区主体功能区人口分布基本情况

主体功能区类型	层级	主体功能区范围	面积（平方千米）	常住人口（万人）	户籍人口（万人）	产值（亿元）
重点开发区	国家级	沿黄经济区	9786	227.2	178.9	988.2
	省级	固原市原州区	489	18.2	18.2	36.3
农产品主产区	国家级	宁夏北部引黄灌区	11858	159.2	158.5	430.9
重点生态功能区	国家级	彭阳、盐池、同心、西吉、龙德、泾源、海源、红寺堡等七区一县	29538	183.5	226.8	153.9
	省级	灵武、沙坡、中宁、原州区部分乡镇	8534	42	49.9	80.3
合　计			60205	630.1	632.3	1689.6

注：《宁夏回族自治区主体功能区规划》，2010 年全国人口普查数据，宁夏回族自治区 2011 年统计年鉴。

附录 31：新疆维吾尔自治区主体功能区人口分布基本情况

主体功能区类型	层级	主体功能区范围	面积（平方千米）	常住人口（万人）	户籍人口（万人）	产值（亿元）
重点开发区	国家级	天山北坡地区	60831.26	555.16	413.39	2456.93
	省级	和田市、喀什市等	2699.44	89.54	79.91	280.47
农产品主产区	国家级	天山北坡、天山南坡地区	416307.1	608.96	581.46	1604.69
重点生态功能区	国家级	阿尔泰山地森林草原生态功能区、塔里木河荒漠化防治功能区、阿尔金山草原荒漠化防治生态功能区	865119.8	563.33	573.69	507.79
	省级	省级生态功能区	319921.4	364.58	377.11	587.32
合　计			1664879	2181.58	2025.57	5437.47

注：《新疆维吾尔自治区主体功能区规划》，2010 年全国人口普查数据，新疆维吾尔自治区 2011 年统计年鉴。

参考文献

[1] 国家发展改革委员会编 . 全国及各地区主体功能区规划（上、中、下）[M]. 人民出版社，2015.

[2] 清华大学中国发展规划研究中心课题组 . 中国主体功能区政策研究 [M]. 经济科学出版社，2009.

[3] 李晓蕙 . 中国区域经济协调发展研究 [M]. 知识产权出版社，2009.

[4] 程必定，陈栋生，肖金成 . 区域科学发展论 [M]. 经济科学出版社，2009（7）.

[5] 张坚 . 农村土地承包经营权、宅基地使用权流转的实证分析与法律构造 [M]. 法律出版社，2016.

[6] 范红忠 . 中国多中心都市区的形成与地区经济差距 [M]. 北京：社会科学文献出版社，2008.

[7] 张正峰 . 土地资源管理学 [M]. 中国人民大学出版社，2008.

[8] 窦玲 . 制度供给差异对区域经济差异的影响 [M]. 中国财政经济出版社，2008.

[9] 李华 . 中国农村：公共品供给与财政制度创新 [M]. 经济科学出版社，2005（9）.

[10] 廖乐焕 . 中国少数民族地区县域经济发展战略研究 [M]. 中国经济出版社，2009.

[11] 朱秋霞 . 中国土地财政制度研究 [M]. 立信会计出版社，2007（4）.

[12] 张占录，张正峰 . 土地利用规划学 [M]. 中国人民大学出版社，2010（4）.

[13] 张会恒 . 安徽经济社会发展概况 [M]. 上海财经大学出版社，2014（8）.

[14] 寇铁军 . 财政学教程 . 第三版 [M]. 东北财经大学出版社，2012.

[15] 李晓蕙 . 中国区域经济协调发展研究 [M]. 知识产权出版社，2009.

[16] 陈共 . 财政学 . 第七版 [M]. 中国人民大学出版社，2012（1）.

[17] 朱启贵 . 区域协调与可持续发展 [M]. 上海人民出版社，2008.

[18] 巴里 · 菲尔德，玛莎 · 菲尔德 . 环境经济学 [M]. 原毅军，陈艳莹译 . 中国财政经济出版社，2006（1）.

[19] 理查德 · A. 马斯格雷夫，佩吉 · B. 马斯格雷夫 . 财政理论与实践 [M]. 邓子基，邓力平译 . 中国财政经济出版社，2003（6）.

[20] 亚当 · 斯密 . 国富论 [M]. 唐日松等译 . 华夏出版社，2004（8）.

[21] John Stuart Mill .Principles of Political Economy with some of their Applications to Social Philosophy[M].London： John W. Parker，West Strand Press，1848.

[22] Theodore W. Schultz.Transforming Traditional Agriculture[M].New Haven： Yale University Press，1964.

[23] 马晓河，胡拥军 . 一亿农业转移人口市民化的难题研究 [J]. 农业经济问题，2018（04）.

[24] 魏东霞，谌新民 . 落户门槛、技能偏向与儿童留守——基于 2014 年全国流动人口监测数据的实证研究 [J]. 经济学（季刊），2018（2）.

[25] 刘涛，齐元静，曹广忠 . 中国流动人口空间格局演变机制及城镇化效应——基于 2000 和 2010 年人口普查分县数据的分析 [J]. 地理学报，2015（4）.

[26] 童玉芬，王莹莹 . 中国流动人口的选择：为何北上广如此受青睐？——基于个体成本收益分析 [J]. 人口研究，2015（4）.

[27] 张耀军，巫锡炜，张敏敏 . 省级区域人口吸引力对主体功能区规划的影响与启示 [J]. 人口研究，2016（2）.

[28] 庄海燕 . 黑龙江省主体功能区人口与经济协调发展模型分析 [J]. 统计与咨询，2017（1）.

[29] 张耀军，陈伟，张颖 . 区域人口均衡：主体功能区规划的关键 [J]. 人口研究，2010（4）.

[30] 李江苏，骆华松，王焱．主体功能区适度人口容量测算初探 [J]. 西北人口，2008（3）.

[31] 柴剑峰．主体功能区人口再分布动力分析 [J]. 经济体制改革，2009（2）.

[32] 娄峰，侯慧丽．基于国家主体功能区规划的人口空间分布预测和建议 [J]. 中国人口·资源与环境，2012（11）.

[33] 史懿亭，钱征寒，杨远超．土地开发权的权利性质探究——基于英美的制度设计背景与我国的研究争议 [J]. 城市规划，2017（08）.

[34] 孙建伟．城乡建设用地置换中土地指标法律问题研究 [J]. 法学评论，2018（01）.

[35] 丁国民，吴菁敏．土地开发权的收益分配模式探讨 [J]. 太原理工大学学报（社会科学版），2018（01）.

[36] 沈守愚．论设立土地发展权的理论基础和重要意义 [J]. 中国土地科学，1998（1）.

[37] 胡兰玲．土地发展权论 [J]. 河北法学，2002（2）.

[38] 张友安，陈莹．土地发展权的配置与流转 [J]. 中国土地科学，2005（5）.

[39] 朱启臻．新农村建设与失地农民补偿——农地发展权视角下的失地农民补偿问题 [J]. 中国土地，2006（4）.

[40] 刘明明．土地发展权的域外考察及其带来的启示 [J]. 行政与法，2008（10）.

[41] 汪晖，陶然．论土地发展权转移与交易浙江模式——制度起源操作模式及其重要含义 [J]. 管理世界，2009（8）.

[42] 谭峻，戴银萍．浙江省基本农田易地有偿代保制度个案分析 [J]. 管理世界，2004（3）.

[43] 尹珂，肖轶．农村土地“地票”交易制度绩效分析——以重庆城乡统筹试验区为例 [J]. 农村经济，2011（2）.

[44] 蔡昉，都阳，王美艳．户籍制度与劳动力市场保护 [J]. 经济研究，2001（12）.

[45] 林毅夫．深化农村体制改革，加速农村劳动力转移 [J]. 中国行政管理，2003（11）.

[46] 魏后凯．对推进形成主体功能区的冷思考 [J]. 中国发展观察，2007（3）.

[47] 安虎森，薄文广 . 主体功能区建设能缩小区域发展差距吗 [J]. 人民论坛，2011（17）.

[48] 郭志仪 . 主体功能区必须以科学合理的人口分布为基础 [J]. 人口与发展，2008（5）.

[49] 丁四保，宋玉祥，王荣成 . 农村人口城市化是实现主体功能区价值目标的根本途径 [J]. 经济地理，2009（8）.

[50] 贾康，马衍伟 . 推动我国主体功能区协调发展的财税政策研究 [J]. 经济研究参考，2008（3）.

[51] 杨伟民，袁喜禄，张耕田，董煜，孙玥 . 实施主体功能区战略，构建高效协调可持续的美好家园——主体功能区战略研究总报告 [J]. 管理世界，2012（10）.

[52] 王谦 . 中国干旱半干旱地区的分布及其主要气候特征 [J]. 干旱地区农业研究，1983（1）.

[53] 吴玉萍 . 超采缘于人口超载？——减轻生态压力是缓解干旱地区缺水的有效途径 [N]. 中国环境报，2012（007）.

[54] 刘燕华，王强 . 中国适宜人口分布研究——从人口的相对分布看各省区可持续性 [J]. 中国人口资源与环境，2001（1）.

[55] 山东省中国特色社会主义理论体系研究中心社，科规划研究课题组 . 完善制度促进人口合理流动 [N]. 人民日报理论版，2012（007）.

[56] 冯蕾 . 户籍人口城镇化率 [N]. 光明日报，2015（04）.

[57] 王静文，周鹏 . “人口、劳动力流动与空间集聚”全国学术研讨会暨人口学类专业期刊交流会会议综述 [J]. 人口与经济，2015（6）.

[58] 迟福林 . 赋予农民长期而有保障的土地使用权 [J]. 中国农村经济，1999（3）.

[59] 郭熙保，白松涛 . 农业规模化经营：实现“四化”同步的根本出路 [N]. 光明日报，2013（11）.

[60] 刘同山，孔祥智 . 参与意愿、实现机制与新型城镇化进程的农地退出 [J]. 改革，2016（06）.

[61] 魏后凯，刘同山．农村宅基地退出的政策演变、模式比较及制度安排 [J]. 东岳论丛，2016（09）.

[62] 滕亚为．户籍改革中农村土地退出补偿机制研究——以重庆市为例 [J]. 国家行政学院学报，2011（041）.

[63] 胡序威．我国区域规划的发展态势与面临问题 [J]. 城市规划，2002（2）.

[64] 程春丽．农村宅基地退出补偿与利益机制构建探析 [J]. 农村经济，2014（1）.

[65] 徐小峰，胡银根，魏西云，王恒．中国土地勘测规划农村宅基地退出与补偿的几点思考 [J]. 国土资源情报，2011（08）.

[66] 刘澄宇，龙开胜．集体建设用地指标交易创新：特征、问题与对策——基于渝川苏浙等地典型实践 [J]. 农村经济，2016.

[67] 杨继瑞，汪锐，马永坤．统筹城乡实践的重庆“地票”交易创新探索 [J]. 中国农村经济，2011（11）.

[68] 孟明毅．安徽许庄：探路“地票”试验 [J]. 西部大开发，2015（10）.

[69] 刘国臻．论美国的土地发展权制度及其对我国的启示 [J]. 法学评论，2007（3）.

[70] 曾野．从指标权交易到发展权交易——美国 TDR 制度对地票制度的启示 [J]. 河北法学，2016（03）.

[71] 严燕等．非农就业对农户土地退出意愿影响的实证研究 [J]. 西南大学学报（自然科学版），2012（6）.

[72] 汪晓春等．新型城镇化背景下进城农民土地退出补偿机制研究 [J]. 干旱区资源与环境，2016（1）.

[73] 白天亮．人社部调查显示：过半农民工想当市民 [J]. 劳动保障世界，2013（5）.

[74] 李爱芹．户籍制度改革与农民工市民化 [J]. 山东农业大学学报（社会科学版），2014（4）.

[75] 魏正果．我国农业土地国管私用论 [J]. 中国农村经济，1989（5）.

[76] 杨小凯．中国改革面临的深层问题——关于农村土地改革 [J]. 战略与管理，2002（5）.

[77] 朱杰 . 人口迁移理论综述及研究进展 [J]. 江苏城市规划， 2008（7）.

[78] 杨金花 . 主体功能区建设中人口区际迁移问题研究报告 [R]. 国家发改委规划司规划处 ,2007.

[79] 牛雄 . 主体功能区构建的人口政策研究 [J]. 改革与战略，2009（4）.

[80] 栾贵勤 , 齐浩良 . 主体功能区划背景下人口分布与流动规律研究 [C]. 全国经济地理研究会第十三届学术年会暨金融危机背景下的中国区域经济发展研讨会论文集，2009（5）.

[81] 马晓河， 胡拥军 . 一亿农业转移人口市民化的难题研究 [J]. 农业经济问题，2018（4）.

[82] 杨菊华 . 制度要素与流动人口的住房保障 [J]. 人口研究，2018（1）.

[83] 陈乐， 李郇， 姚尧， 陈栋胜 . 人口集聚对中国城市经济增长的影响分析 [J]. 地理学报，2018（6）.

[84] 李嘉楠， 游伟翔， 孙浦阳 . 外来人口是否促进了城市房价上涨 ?——基于中国城市数据的实证研究 [J]. 南开经济研究，2017（1）.

[85] 张安录 . 可转移发展权与农地城市流转控制 [J]. 中国农村观察，2000（2）.

[86] 廖喜生， 陈甲斌 . 从集体用地流转看我国农村土地发展权配置 [J]. 中国国土资源经济，2007（12）.

[87] 刘国臻 . 房地产老板之暴富与土地发展权研究 [J]. 中山大学学报 (社会科学版)，2007（3）.

[88] 赵慧， 邹蓉 . 主体功能区视角下安徽基本公共服务均等化研究 [J]. 湖北经济学院学报 (人文社会科学版)，2015（9）.

[89] Lewis.W.Arthur. Economic Development with Unlimited Supplies of Labor [J] .Manchester School of Economic and Social Studies，Vol.22，No. 2 (May,1954) [2]Gustav Ranis，John C. H. Fei，A Theory of Economic Developments[J] .The American Economic Review，Vol. 51，No. 4 (Sep，1961).

[90] Michael P.Todaro. A Model of Labor Migration and Urban Unemployment in Less

Developed Countries [J]. American Economic Association, Vol. 59, No. 1 (1969).

[91] Paul Krugman. Increasing Returns and Economic Geography [J].The Journal of Political Economy, Vol.99, No. 3 (Jun,1991).

[92] George R. Boyer, Timothy J. Hatton. Migration and Labor Market Integration in Late Nineteenth – Century England and Wales [J].The Economic History Review , Vol. 50, No. 4 (Nov, 1997).

[93] Charles M. Tiebout. A Pure Theory of Local Expenditures [J]. The Journal of Political Economy, Vol. 64, No. 5 (Oct,1956).

[94] Wallace E. Oates. On Local Finance and the Tiebout Model [J]. The American Economic Review, Vol.71, No.2(May,1981).

[95] Richard L. Barrows. etc. Transfer of DevelopmentRights: An analysis of new land use policy Tool[J]. AmericanJournal of Agricultural Economics, 1975, 57(4).

[96] James T. Barrese. Efficiency and Equity Considerations in the Operation of Transfer of Development Rights Plans[J]. 1983, 59(2).

[97] Cynthia J. Nickerson & Lori Lynch. The Effect of FarmlandPreservation Programs on Farmland Prices[J]. American Journal of Agricultural Economics, 2001, 83(2).

[98] John C. Danner TDRs—great idea but questionable value[J].The Appraisal Journal,1997, (4).

[99] Ant ó nio Tavares. Can the Market Be Used to Preserve Land? The Case for Transfer of Development Rights [C]. European Regional Science Association 2003 Congress, 2003.

[100] Ralph Henger and Kilian Bizer. Tradable Planning Permits for Land–use Control in Germany [C]. oettingen: Land Use Economics and Planning Discussion Paper 2008, No.08 – 01.